CÓMO SOBREVIVIR A...

LA ANTIGUA GRECIA

© 2025 Grupo Edebé

Paseo de San Juan Bosco, 62

08017 Barcelona. España

© Del texto y las ilustraciones: Juan de Aragón, 2025

Representado por Tormenta

www.tormentalibros.com

Dirección editorial de Publicaciones no ficción: Marta Sans

Editora: Clàudia Sabater

Primera edición: septiembre de 2025

Impreso en España – *Printed in Spain*

ISBN: 978-84-683-7550-2

Depósito legal: B. 345-2025

CÓMO SOBREVIVIR A...

LA ANTIGUA GRECIA

La guía de supervivencia de El Fisgón Histórico

edebé

 # Índice

Si quieres sobrevivir, tendrás que aprender lo que significa vivir en la Antigua Grecia: tu lugar en la sociedad, tu trabajo, tus deberes... ¡Si te saltas alguno, puedes acabar muy mal!

Los artistas griegos construyeron y esculpieron verdaderas maravillas..., aunque también les encantaba el drama. ¡Cuanta más tragedia, mejor!

Los griegos fueron grandes pensadores... y eso no se limitó a la ciencia. Grandes ciudades como Atenas y Esparta desarrollaron estrategias letales y máquinas que sembraban la muerte allá por donde iban. ¡Prepárate!

Tras siglos de genialidades, la Antigua Grecia también acabó... Pero muchas de sus ideas sobrevivieron a lo largo de la historia hasta hoy. ¿Las conoces todas?

¿Alguna vez has deseado caminar entre dioses? Entonces la Antigua Grecia es tu sitio. Piénsalo: una poderosa civilización asentada en las soleadas costas del mar Egeo, donde las deidades descienden del monte Olimpo para favorecer a los mortales y los héroes nos protegen de monstruos temibles. ¡Y no solo eso! Si te internas en la polis, gobernada por los propios ciudadanos, descubrirás grandes maravillas: desde bellas esculturas de bronce y mármol hasta sabios filósofos, como Sócrates, Platón y Aristóteles, que desentrañan los misterios del universo y elevan a la civilización griega hasta las estrellas.

Conocimiento, arte y gloria:
¡encontrarás todo esto y más
en la Antigua Grecia!

¿QUÉ TE PARECE, AFRODITA? ¿NOS VAMOS DE COMPRAS?

¡QUE NO ES DE VERDAD!

Tanto monumento y tanto mito pueden **deslumbrarte**, pero
CUIDADO: no es oro todo lo que reluce...
¡y tampoco bronce!

¡NIÑO, DEJA DE RASCARLE EL ORO A ESA ESCULTURA, QUE NOS VAN A DETENER!

La realidad es que la mayoría de los mitos griegos son solo eso: **mitos**. A pesar de que tengamos una imagen mágica de la Antigua Grecia, sus habitantes eran personas normales y, lamentablemente, ningún héroe como **Hércules** los protegía de los **PELIGROS** de la época. Y tampoco es que las polis, supuestamente llenas de armonía, fueran un lugar seguro. Maremotos letales, batallas sangrientas, jueces que te condenaban a muerte... En la Antigua Grecia podía **PASARTE DE TODO**.

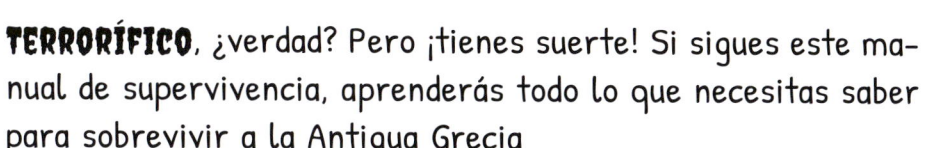

INCLUYENDO QUE UN TIRANO DESPIADADO TE ASARA VIVO, ¡ASÍ QUE MEJOR TENERLO CONTENTO!

TERRORÍFICO, ¿verdad? Pero ¡tienes suerte! Si sigues este manual de supervivencia, aprenderás todo lo que necesitas saber para sobrevivir a la Antigua Grecia y evitar que te conviertan en **BARBACOA**.

NO HAGAS COMO NOSOTROS, LOS TROYANOS, Y APUESTA POR EL CABALLO GANADOR.

Capítulo I

Un pasado mítico

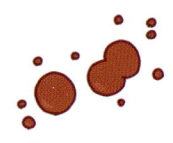

Antes de Grecia

Cuando hablamos de la Antigua Grecia, cualquiera diría que hablamos de un pasado muy remoto... ¿y tal vez **IRREAL**? Puede que lo parezca, con tanto mito por todas partes. Pero la verdad es que esta civilización **existió**. La pregunta es: ¿cuándo empezó y cuándo acabó?

BUENO, DIGO YO QUE EMPEZARÍA EN EL PRINCIPIO DE LOS TIEMPOS, ¿NO? CUANDO LOS DIOSES LUCHARON CONTRA LOS TITANES Y TODO ESO...

¡ERROR! ESO SOLO ES EL MITO.

PARA SABER MÁS SOBRE LOS DIOSES GRIEGOS, SALTA A LA PÁGINA 41.

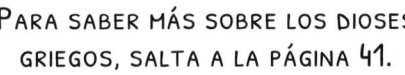

En realidad, la cosa empezó con algo **muy simple**: la llegada de unos humanos que buscaban **COMIDA Y COBIJO**.

Por lo que sabemos, alrededor del año 7000 a.C., es decir, en el **Neolítico**, ya había **asentamientos permanentes** en las islas del mar Egeo y al sur de la península balcánica (más concretamente, en las regiones del Peloponeso y Ática).

Más adelante, sus habitantes llamarían a esta zona la «Hélade» (*Hĕllás* en griego).

Por eso, esta época se conoce como el **«periodo heládico»**. Pero no te confundas: ¡esto aún **no** era la «Antigua Grecia»!

Los pueblos del periodo heládico eran grupos muy pequeños, que **NO COMPARTÍAN** una cultura ni una organización política. No tenían unas creencias, un arte o una lengua común. ¡Y mucho menos un sentimiento de pertenencia a un mismo pueblo!

¡Bastante tenemos con sobrevivir al calor, a la sequedad y al terreno montañoso!

No obstante, los siglos pasaron y se desarrollaron sociedades más importantes, también marcadas por la llegada de otros pueblos, procedentes de la península de **Anatolia** (la actual Turquía). Así, surgieron civilizaciones como la **cicládica**, una cultura navegante que a partir del año 3000 a. C. pobló las **MÁS DE 200 ISLAS** del mar Egeo. Pero hubo otras dos civilizaciones que serían la **semilla** de la Antigua Grecia...

La civilización minoica

Aprox. 3000-1450 a.C.

El mito del rey Minos y el laberinto del Minotauro

El rey Minos, hijo de Zeus, gobernaba la isla de Creta con su esposa Pasífae. Un buen día, pidió a Poseidón un toro para sacrificarlo en su honor. Pero el toro que recibió resultó ser tan magnífico que Minos ¡decidió quedárselo! Enfurecido, Poseidón lo castigó haciendo que Pasífae se enamorara del animal, y de esta unión nació el Minotauro: una terrible criatura con cuerpo de hombre y cabeza de toro. Era tan peligroso que Minos lo encerró en un enorme laberinto, pero cada pocos años tenían que entregarle 14 jóvenes que le sirvieran de alimento.

Por suerte, un tiempo después llegó el héroe Teseo. Con la ayuda de la princesa Ariadna, quien le dio un ovillo de hilo para que supiera salir del laberinto, Teseo mató al Minotauro y puso fin a su reino de terror.

Este es el mito más conocido sobre **Creta**. Por eso, cuando el arqueólogo Arthur Evans desenterró en la isla una enorme estructura de **más de mil habitaciones**, no lo dudó: ¡tenía que estar relacionada con el laberinto de Minos! Esta edificación, hoy en día conocida como el **palacio de Cnosos**, lo llevó a descubrir toda una civilización, y por eso la bautizó en honor al mítico rey (aunque no está claro si Minos existió de verdad).

Por sus pinturas murales, sabemos que los minoicos practicaban deportes y rituales con los toros. Con Minotauro o sin él, ¡era un animal muy importante para ellos!

También se hallaron piezas de cerámica decorada y tablillas escritas con un sistema de escritura llamado **Lineal A**, que aún no ha sido **DESCIFRADO** del todo. Pero estos restos no solo se encontraron en Creta, sino que hay grandes construcciones, cerámica y muestras de escritura minoicas **POR TODA LA HÉLADE**.
En otras palabras: la cultura minoica se extendió mucho más allá de su isla.

¡No en vano somos la mayor potencia del mar Egeo!

Al fin y al cabo, al vivir en una isla, los minoicos eran unos **excelentes marineros**, y eso les permitió enriquecerse gracias al comercio. No solo comerciaban con otras islas del Mediterráneo, sino también con civilizaciones **MÁS LEJANAS** como la de Egipto o Mesopotamia (en la actual Siria).

Pero, hacia el 1450 a. C., la civilización minoica **DESAPARECIÓ**. Por esas fechas, el volcán de la **isla de Thera** (la actual Santorini) entró en erupción, ¡y provocó un **TERRIBLE MAREMOTO**! Probablemente esto destruyó los principales puertos de Creta, y se cree que otro pueblo aprovechó este momento de debilidad para **INVADIRLOS**.

La civilización micénica

Aprox. 2000-1100 a.C.

La micénica fue una de las primeras civilizaciones avanzadas de la **Grecia continental**. Se trataba de un grupo de ciudades que, a pesar de tener cada una su propio gobierno, compartían **la misma cultura**. Entre ellas estaban Tirinto, Orcómenos, Pilos... y la que da nombre a la civilización: **MICENAS**.

ESPERA, ESA ME SUENA. ¿NO ERA LA CIUDAD GOBERNADA POR...?

AGAMENÓN, SÍ. ¡EL REY QUE NOS UNIÓ A TODOS PARA ATACAR TROYA!

PARA SABER MÁS SOBRE LA GUERRA DE TROYA, SALTA A LA PÁGINA 65.

En realidad, no hay pruebas de que **Agamenón** existiera. Pero la civilización micénica sí existió, y parece que su espíritu iba muy acorde con el fiero Agamenón del mito, ya que se trataba de una **ARISTOCRACIA GUERRERA**.

Cada ciudad tenía un **REY** (llamado *wanax*), que decidía sobre temas como política y guerra. Este rey contaba con la ayuda de un **JEFE MILITAR** (*lawagetas*) y un grupo de **SOLDADOS** (*eqetai*). El resto de la población eran campesinos, artesanos, comerciantes... y no se consideraban tan importantes. Es probable que esto llevara a los micénicos a desarrollar **una profunda admiración por la batalla**.

ALGO QUE SE TRANSMITIÓ A LOS GRIEGOS, ¡ACUÉRDATE DE HÉROES COMO YO, AQUILES!

DE HECHO, LOS POETAS GRIEGOS VERÍAN EL PASADO MICÉNICO COMO UNA EDAD DE ORO, DE REYES Y SEMIDIOSES HONORABLES.

La cultura micénica es famosa por sus logros arquitectónicos, como las **murallas ciclópeas**. Se construían con bloques de piedra tan absurdamente grandes que se llegó a pensar que solo los **CÍCLOPES** podían levantarlas, ¡de ahí su nombre!

Además, los micénicos tenían una gran **herencia minoica**. Por ejemplo, se basaron en la escritura Lineal A (que ya conoces) para desarrollar la suya propia, conocida como **Lineal B**, ¡y esta sí que ha sido descifrada! Por eso sabemos que los micénicos ¡hablaban una forma de **griego**!

El sistema Lineal B se usaba para llevar **registros administrativos y económicos**. Suena aburrido, pero atención: en estos registros, ¡aparecen los **DIOSES GRIEGOS**! Y es que en las listas de ofrendas era habitual mencionar a Zeus, Hera, Poseidón o Atenea. Gracias a estas facturas ¡sabemos que las divinidades de la Antigua Grecia ya pululaban entre los micénicos!

De todas formas, la civilización micénica **DESAPARECIÓ** misteriosamente. Puede que fueran terremotos, luchas por el poder o invasiones extranjeras... Pero el caso es que, hacia los años 1200-1100 a. C., la mayoría de las ciudades micénicas fueron **DESTRUIDAS O ABANDONADAS**.

🔲 Llega la Antigua Grecia 🔲

Con la caída del mundo micénico, ahora sí, nace la Antigua Grecia: una civilización que duró **¡MIL AÑOS!** Por eso, es mejor dividirla en distintas **etapas**:

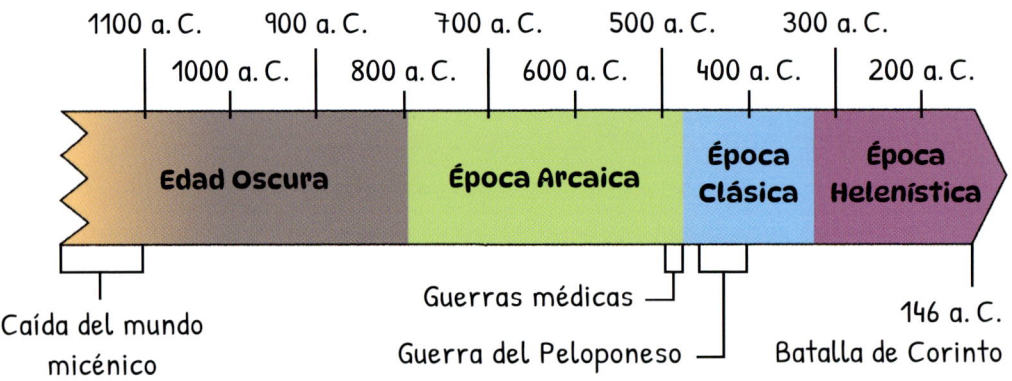

1100 a. C.   900 a. C.   700 a. C.   500 a. C.   300 a. C.

1000 a. C.   800 a. C.   600 a. C.   400 a. C.   200 a. C.

| Edad Oscura | Época Arcaica | Época Clásica | Época Helenística |

Caída del mundo micénico

Guerras médicas

Guerra del Peloponeso

Batalla de Corinto

146 a. C.

🔲 La Edad Oscura 🔲

Siglos XII-IX a. C.

¿Oscura? ¿Se quedaron sin luz?

Llamamos **«EDAD OSCURA»** a esta etapa porque, al principio, los historiadores modernos **no tenían mucha idea** de lo que ocurrió durante estos 300-400 años. ¿El motivo? Pues que **NO HAY TEXTOS** de la época. Junto con la cultura micénica, ¡el sistema Lineal B también desapareció!

Sin textos, solo hay una manera de conocer la Antigüedad: los restos arqueológicos. ¡Pero hay que saber interpretarlos!

¡POR SUERTE, HOY EN DÍA SABEMOS QUE NO FUE UNA ÉPOCA TAN «OSCURA»!

Es cierto que la población de la Hélade **DESCENDIÓ** mucho; las primeras comunidades griegas (también llamadas «helenas») no pasaban de los 20 miembros. Adiós a los palacios imponentes: ahora tocaba arar la tierra para **NO MORIR DE HAMBRE** y, en casos desesperados, **MIGRAR**. ¡Si hacía falta, hasta Anatolia!

¡Pero no todo era **MISERIA**! La mayoría de las comunidades siguieron comerciando, o sea que **mantuvieron el contacto** con otros pueblos. Por no hablar de su propia **cultura**: a partir de su herencia minoica y micénica, los helenos desarrollaron su arte, ritos y valores, gracias a algo clave: la **tradición oral**. En otras palabras: ¡les encantaba contarse historias!

DE BOCA EN BOCA, LOS MITOS SOBREVIVIERON Y EVOLUCIONARON, HASTA ALCANZAR SU VERSIÓN DEFINITIVA AL SER PUESTOS POR ESCRITO.

La llegada del alfabeto: el camino al esplendor

Gracias al comercio, los griegos redescubrieron la **escritura**. Solo tuvieron que tomar el alfabeto de los **FENICIOS** (sus rivales comerciales, por cierto) y añadirle un par de letras para adaptarlo a su lengua.

El alfabeto griego ayudó al **desarrollo** de la Hélade: no solo porque se pusieron por escrito los mitos, sino porque la escritura les ayudó a **pensar**, **imaginar**... Con sombras o sin ellas, la Edad Oscura había llegado a su **FIN**.

La Época Arcaica

Siglos VIII-V a. C.

Con el aumento de la **prosperidad**, las comunidades helenas crecieron y se volvieron más complejas. ¡Así nacieron las **POLIS**!

La polis era el **modelo de población** de los antiguos griegos. Cada polis se componía de una ciudad y de los territorios de alrededor. Todas las polis compartían **la misma cultura**, pero ojo: cada una funcionaba como un país distinto; por eso, se las llama **«ciudades-Estado»**.

> AUNQUE A VECES FORMABAN ALIANZAS. POR EJEMPLO, LA LIGA DEL PELOPONESO, ENCABEZADA POR ESPARTA.

En las polis, había **sistemas políticos** de todo tipo: monarquías, oligarquías, tiranías... Y también uno muy novedoso, una invención que sería fundamental en el futuro: la **democracia**.

La palabra *democracia* viene del griego *dēmos*, 'pueblo', y *kratos*, 'poder'. Es decir, **el poder es del pueblo**. En las democracias griegas, como la de Atenas, los ciudadanos participaban en el gobierno con su **voto**. ¡Menuda revolución!

> AUNQUE NO TENÍAN EN CUENTA A TODO EL MUNDO... YA VERÁS EN LA PÁGINA 73.

La colonización griega

Algunas polis se hicieron tan poderosas que **NO SE CONFORMARON** con comerciar. En muchos casos, buscaron territorios donde construir puertos y establecer **COLONIAS**, que luego se convertirían en **nuevas polis**. ¡Tachán!

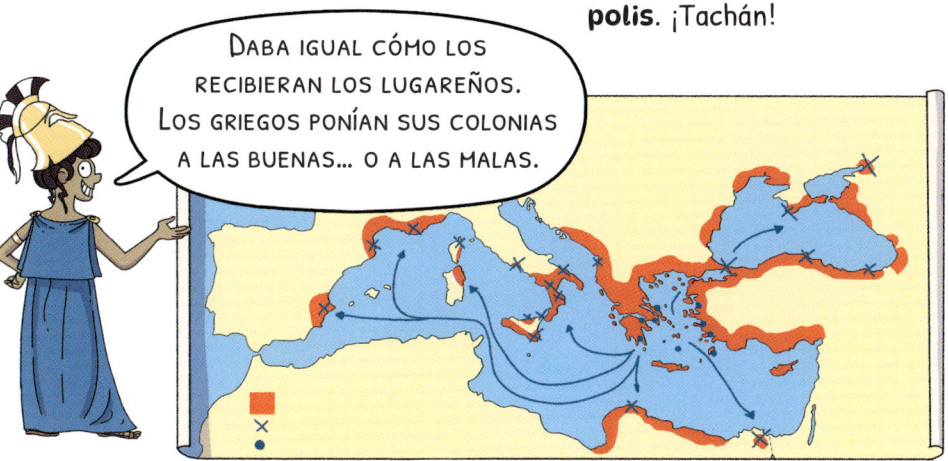

DABA IGUAL CÓMO LOS RECIBIERAN LOS LUGAREÑOS. LOS GRIEGOS PONÍAN SUS COLONIAS A LAS BUENAS... O A LAS MALAS.

Un renacimiento cultural

Ya en el siglo VIII a. C. se pusieron **por escrito** las grandes historias que venían de la tradición oral y que **encapsulaban** las creencias y valores griegos: entre ellas, la *Ilíada* y la *Odisea*. Ambas tienen que ver con la **GUERRA DE TROYA**. ¿A que te suena?

Esto ayudó a asentar y reforzar la **cultura helena**, lo que dio lugar a un montón de actividades: eventos sagrados como los **Juegos Olímpicos**, que honraban el esfuerzo físico, e incluso artes nuevas, como el **teatro**, ¡que se creía necesario para la salud del alma!

Y esto no es todo. ¿Te acuerdas de los griegos que habían migrado a Anatolia? Bien, pues las polis de aquella costa, a la que llamaron **JONIA**, se convirtieron en la cuna del **desarrollo intelectual**. Allí nació Tales de Mileto, ¡el primer filósofo de la historia!

DESCUBRE LA MAGIA DE LA *ILÍADA* Y LA *ODISEA* EN LA PÁGINA 65.

PERO FUE PRECISAMENTE EN JONIA DONDE LAS COSAS SE EMPEZARON A COMPLICAR...

La Época Arcaica fue **MOVIDITA** para las polis jónicas. Después de varias conquistas por parte de reinos vecinos, en el siglo VI a. C. quedaron bajo el control del **Imperio aqueménida**: los **PERSAS** o, como los griegos los llamaban, los **MEDOS**.

En realidad, la situación no era tan terrible, ya que los jonios solo tenían que **pagar un tributo** al Imperio. Pero no estaban contentos; entre otras cosas, porque los medos favorecían a los **FENICIOS**, ¡sus eternos rivales en los negocios!

A MÍ ESTOS MEDOS NO ME GUSTAN...

Este descontento le vino muy bien a **Aristágoras**, que gobernaba la polis de Mileto (¡sí, la ciudad de Tales el filósofo!). Recientemente la había **FASTIDIADO** en una batalla, y temía que sus jefes del Imperio **LO CASTIGARAN**. Así pues, decidió aprovechar el enfado de los jonios para provocar una **REBELIÓN** y salvar el pellejo.

La revuelta jónica

En el 498 a. C., las doce polis jonias **SE REBELARON** contra el Imperio aqueménida con la ayuda de Atenas y Eretria, que les mandaron barcos y tropas. Pero fue un **CHASCO**: los persas, gobernados por el **rey Darío I**, no solo machacaron a los rebeldes, sino que se lanzaron a **CASTIGAR** a quienes los habían ayudado. ¡Ahora toda Grecia estaba **EN PELIGRO**!

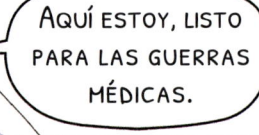

AQUÍ ESTOY, LISTO PARA LAS GUERRAS MÉDICAS.

¡«MÉDICAS» POR LOS MEDOS, NO POR LOS MÉDICOS!

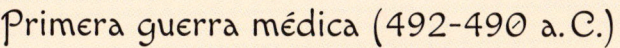

Primera guerra médica (492-490 a. C.)

Los persas empezaron **FUERTE**. Fueron conquistando las islas Cícladas, dominando el mar Egeo, hasta hacerse con Eretria. Ya habían llegado a la **Grecia continental**: solo faltaba Atenas.

Así, en el año 490 a. C., las tropas medas desembarcaron en **MARATÓN**, a escasos 40 km de Atenas. Pero, entonces, ¡un montón de griegos se les echaron encima! Los atenienses y sus aliados (incluyendo la liga del Peloponeso) defendieron su territorio **CON UÑAS Y DIENTES** y, finalmente, los persas se rindieron. ¡Grecia estaba salvada!

LOS GRIEGOS MANDARON A UN MENSAJERO DESDE MARATÓN A ATENAS. ¡Y SE PEGÓ TAL *SPRINT* QUE INAUGURÓ UNA CARRERA FAMOSA!

DESDE ENTONCES, MUCHOS HAN CORRIDO UNA MARATÓN.

Segunda guerra médica (480-478 a. C.)

El hijo de Darío I, el rey Jerjes I, no estaba dispuesto a **PERDONAR**. Así pues, en el 480 a. C., los medas volvieron a invadir Grecia. Lo hicieron **POR TIERRA Y MAR**, con un ejército de entre 250 000 y 600 000 soldados. ¡Uno de los más grandes de su época!

Empezaron conquistando Tesalia, una región del norte. Tuvieron problemas en el paso de las **Termópilas**, donde el rey Leónidas y sus hombres resistieron **HEROICAMENTE**. Pero finalmente los persas continuaron su avance. Aunque no consiguieron la victoria final. En **SALAMINA**, al lado de Atenas, la flota griega los venció en una gran batalla naval. Y más tarde, en **PLATEA**, los persas fueron derrotados de una vez por todas. ¡Los griegos eran un hueso **DURO DE ROER**!

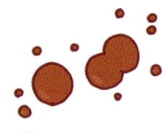

🔲 La Época Clásica 🔲

Siglos V-IV a.C.

La derrota de los persas inauguró la Época Clásica, en una Grecia **más unida que nunca**. Las polis seguían siendo independientes, pero existía entre ellas una gran sensación de hermandad. ¡Juntas habían dado una **PALIZA** a todo un imperio!

Pero, si había una polis que brillaba, esa era **Atenas**. Había liderado la victoria y ahora encabezaba la **LIGA DE DELOS**, una alianza de varias ciudades-Estado que se formó por si volvía a haber problemas con los persas. Y, además, un importantísimo líder ateniense estaba a punto de aparecer.

ABRAN PASO, ¡QUE LLEGA PERICLES!

CÓMO NO IBA A SER IMPORTANTE, SI SU NOMBRE SIGNIFICA 'RODEADO DE GLORIA'.

DICEN QUE TENGO UNA VOZ IMPONENTE.

ΠΕΡΙΚΛΗΣ

Pericles fue un general y político brillante, maestro en el arte de la oratoria (es decir, que hablar se le daba fenomenal). Pericles soñaba con una Atenas poderosa y democrática. Así pues, favoreció la **cultura** y se aseguró de que todos los ciudadanos varones tuvieran un lugar en la toma de **decisiones**, fortaleciendo su **amor a Atenas**.

FUE TAN IMPORTANTE QUE EL SIGLO V A.C. SE CONOCE COMO «EL SIGLO DE PERICLES».

Con este espíritu, el arte **floreció** en la ciudad. Las obras dramáticas de grandes autores como Esquilo, Sófocles y Eurípides **llenaban** los anfiteatros. Y qué decir de la arquitectura: Pericles propulsó la construcción de monumentos a los dioses; entre ellos, el majestuoso **Partenón**, que aún hoy es un símbolo del orgullo ateniense.

DESCUBRE LOS SECRETOS DEL PARTENÓN EN LA PÁGINA 112.

¡HALA! ¡MENUDO MAMOTRETO!

Pero ¿cómo se pagaba todo esto? Resulta que Atenas, como cabeza de la liga de Delos, exigía a sus aliados unos **impuestos**... y usó este dinero para costearse sus monumentos, además de fortificar su puerto y fortalecer su ejército. Con esto último, **CASTIGABA** a sus aliados si hacían algo que no le gustaba. Es decir: Atenas empezaba a dominar Grecia, prácticamente convertida en un **IMPERIO**.

VAYA CON LA DEMOCRACIA ATENIENSE... «PODER PARA EL PUEBLO», PERO SOLO PARA SU PUEBLO, ¿NO? AL RESTO, QUE NOS DEN.

Como sospecharás, esto **NO LE HACÍA GRACIA** a todo el mundo. Había otras polis vigilando a Atenas y, concretamente, una **muy poderosa**, que también quería su parte del pastel. ¿Adivinas cuál?

¿Con qué bando

Atenas

Política: Democracia directa (más o menos). Todos los ciudadanos varones podían votar en la asamblea ciudadana, la *ekklesía*. La libertad de expresión y los debates eran muy importantes.

Economía: Comercial y marítima, basada en la riqueza proveniente de la liga de Delos. En el puerto de El Pireo se comerciaban bienes de todo el Mediterráneo.

Sociedad: Diversa y abierta. A pesar de las desigualdades sociales (las mujeres y los esclavos tenían muy pocos derechos), existía una fuerte clase media de artesanos y comerciantes. Los ciudadanos tenían acceso a teatros, debates y eventos públicos.

Valores: La búsqueda de la verdad, la belleza y la libertad. Los atenienses estaban muy orgullosos de sus innovaciones en el pensamiento y las artes.

Táctica: La guerra naval. Usaban sus barcos para mover tropas, atacar y luego refugiarse en sus ciudades amuralladas.

Aliados: La liga de Delos, formada por Eubea, Quíos, Mitilene, Samos, Acarnania, Corcira, Tasos y otras pequeñas islas del Egeo. Como parte de la liga, se habían comprometido a ayudarse unos a otros.

quieres luchar?

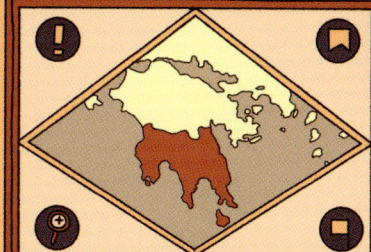

Esparta

Política: Oligarquía militar. La polis era liderada por dos reyes y un consejo de ancianos (la gerusía). También había una asamblea, pero no tenía mucho poder.

Economía: Agraria, basada en el trabajo esclavo de los ilotas. Los ilotas eran un pueblo al que los espartanos tenían sometido, obligándolos a arar la tierra para ellos. Gracias a esto, Esparta era autosuficiente, aunque carecía de una flota fuerte.

Sociedad: Rígida y centrada en la disciplina militar. Había una élite guerrera que recibía un estricto entrenamiento desde la infancia (¡incluidas las mujeres!), mientras que los ilotas trabajaban la tierra.

Valores: La austeridad y la disciplina. Se valoraban la fuerza, el sacrificio y la lealtad a la polis.

  **Táctica:** La guerra terrestre. Los soldados espartanos eran famosos por su habilidad en el combate cuerpo a cuerpo.

Aliados: La liga del Peloponeso, formada por Tebas, Corinto, Megara, Elis, Sicilia y Siracusa. Aunque no tenían por qué llevarse bien: solo estaban en la liga porque se habían comprometido a ayudar a Esparta. Por lo demás, eran libres de andar a la gresca entre ellos… ¡y vaya si lo hicieron!

La guerra del Peloponeso (460-404 a.C.)

La liga del Peloponeso lo tenía claro: una Atenas tan fuerte era **PELIGROSA**. Pero, si crees que Esparta decidió tomar cartas en el asunto, ¡te equivocas! De hecho, el choque que inició la guerra del Peloponeso en el año 460 a. C. fue entre **Atenas y Corinto**. Este primer enfrentamiento duró catorce años y los espartanos solo participaron de vez en cuando, ayudando a su aliado Corinto. Atenas se acabó imponiendo, pero la **ENEMISTAD** no había hecho más que empezar.

A partir de entonces, hubo **pequeñas batallas** entre Atenas y Esparta, provocadas por conflictos entre sus aliados o, directamente, por los avances de Atenas. ¡Pericles y los suyos estaban **ANSIOSOS** por ampliar su influencia! Y la liga del Peloponeso veía esto con **TERROR**. De hecho, sus miembros, especialmente Corinto, presionaron mucho a Esparta para que le declarara la **guerra** a Atenas.

La tensión **ESTALLÓ** cuando Tebas, de la liga del Peloponeso, atacó Platea, aliada de Atenas. A Esparta no le quedó más remedio: en el año 431 a. C., su ejército marchó hacia **Atenas**.

La ciudad estaba bien preparada para los asedios gracias a sus **murallas** y los suministros que le llegaban **por mar**. Pero, poco después de los primeros ataques de Esparta, llegó un golpe inesperado: **LA PESTE**. Durante esta terrible epidemia, murieron muchos atenienses, incluido un ya anciano **Pericles**. ¡Una tragedia!

Durante **casi tres décadas**, Esparta y Atenas continuaron atacándose brutalmente. Hubo periodos de tregua, pero se rompían enseguida. Y entonces sucedió algo que cambiaría el destino de la guerra: Esparta consiguió **DINERO PERSA**.

¿DE VERDAD SE ALIARON CON LOS PERSAS?

Con esa ayuda, los espartanos formaron una **ENORME FLOTA**, que era lo que les faltaba para superar a su enemigo. Atenas se enfrentó a ellos en Sicilia, pero fue un desastre y, en la batalla de Egospótamos, sufrió la derrota final. En el año 404 a. C., **Atenas se rindió**.

La guerra dejó a Grecia entera **hecha trizas**, llena de polis destruidas y **MILES DE MUERTOS Y HERIDOS**. Atenas nunca recuperó su esplendor de antaño y, en su lugar, Esparta se alzó como la polis **más poderosa**.

AUNQUE POR POCO TIEMPO...

Macedonia: los nuevos griegos

Mientras los griegos **se daban de tortas**, el mundo siguió girando, claro. De hecho, empezaron a pasar cosas interesantes en un pequeño reino al norte de la Hélade: **MACEDONIA**.

> No pienso hacer el chiste de la fruta.

> ¡¡Venga, porfa!!

Macedonia no era griega, pero en el último siglo había establecido alianzas con algunas polis y se había acercado mucho a las **costumbres helenas**. ¡Hasta dijeron que su familia real descendía del mismísimo Hércules! Con unos antepasados **tan épicos**, los griegos no lo dudaron: aceptaron a Macedonia como parte del mundo heleno: ¡hasta los incluyeron en los Juegos Olímpicos en el 476 a. C.!

Pero en el 359 a. C. Macedonia era aún un reino **INESTABLE**. De modo que su nuevo rey, **Filipo II**, decidió reforzarlo. Se dedicó a expandir su territorio por las armas, y también usando la diplomacia, los matrimonios por conveniencia y algún que otro soborno. **¡Era muy astuto!**

> Mi ejército usaba una táctica griega mejorada: la falange macedónica. ¡Descubre más en la página 129!

Las conquistas de Macedonia le dieron **muchísimo prestigio** en la Hélade. No olvidemos que las polis griegas estaban muy divididas tras la **CRUEL GUERRA DEL PELOPONESO**; en aquel ambiente de desconfianza y miseria, Filipo II llegaba como el líder que volvería a **unir** a los griegos. ¡Muchos lo aceptaron con ganas! Aunque otros, como Atenas, aceptaron su liderazgo **a regañadientes**.

Filipo juntó a la mayoría de las polis en la **liga de Corinto** para invadir el Imperio aqueménida (¡qué notición!), pero **FUE ASESINADO**... y el reino quedó en manos de su hijo: **Alejandro Magno**.

Las conquistas de Alejandro

El joven Alejandro III había recibido una **educación exquisita**: había aprendido sobre la guerra acompañando a su padre en batalla, y el mismísimo **Aristóteles** le había enseñado ciencias y filosofía. ¡No estaba mal para un chaval de 20 años!

> HAZME CASO, HIJO, QUE SOY EL FILÓSOFO MÁS IMPORTANTE DE GRECIA.

Alejandro continuó el proyecto de Filipo II y, tras varias batallas épicas, **CONQUISTÓ EL IMPERIO AQUEMÉNIDA**. ¡Pero no se dio por satisfecho! Su próximo objetivo era **la India**. Desafortunadamente para él, antes de que pudiera llegar muy lejos, enfermó y con tan solo 32 años **MURIÓ**... ¡sin haber nombrado un heredero!

> ¡DICEN QUE LO ENVENENARON!

> ¿Y AHORA QUÉ PASA CON SU IMPERIO? AY, QUÉ FOLLÓN...

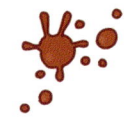

La Época Helenística

323-146 a.C.

Los generales macedonios, conocidos como **«diádocos»**, no sabían qué hacer con el gigantesco territorio que les había dejado Alejandro. Sus palabras no habían sido **muy claras**...

LO ÚNICO QUE DIJO FUE QUE EL IMPERIO DEBE SER PARA «EL MÁS FUERTE».

¡YO SOY EL MÁS FUERTE!

¡NO, LO SOY YO!

¿Cómo lo resolvieron? Exacto, con la guerra. **OTRA VEZ**. Durante unos cincuenta años, los diádocos y sus sucesores se pelearon **POR EL TRONO**, hasta que el territorio quedó dividido en tres: Macedonia y la Grecia continental, Asia y Egipto; cada uno con su propio rey. ¡La **monarquía** era lo que se llevaba!

> Pero no creas que la Hélade se quedó tranquilita. Las polis que habían aceptado a Filipo a regañadientes aprovecharon para intentar **DESHACERSE** de los macedonios. Algunas, como Atenas y Esparta, lo lograron; otras, como Corinto o Tebas, no tuvieron tanta suerte. Pero, en cualquier caso, en esta época las polis volvieron a unirse en ligas, esta vez para preservar su libertad: la **liga Aquea**, en el Peloponeso; y la **liga Etolia**, al oeste de la Hélade.

LIGA DE CORINTO

◻ El mundo helenístico

Al expandir sus dominios, Alejandro Magno también había extendido la **cultura griega**: a pesar de que ahora su imperio estaba dividido, las costumbres y conocimientos helenos habían llegado a lugares remotos. Por eso, conocemos este periodo como la **Época Helenística**.

Durante estos años, hubo una **mezcla cultural** que dio lugar a obras de arte novedosas, ya que los artistas griegos que viajaron a otros lugares recibieron la influencia del estilo local. Por no hablar de la ciencia: el enorme conocimiento griego sumado a la sabiduría de Asia y Egipto favoreció **grandes avances**. ¡Recuerda la biblioteca de Alejandría y sus miles de papiros!

> LA LIGA ETOLIA SE DEDICABA A ROBAR A BARCOS MERCANTES. ¡LOS LLAMABAN PIRATAS!

SIGLO II A. C.

MACEDONIA

PÉRGAMO

ARMENIA

BACTRIANA

PARTIA

CIUDADES Y LIGAS GRIEGAS

RODAS

IMPERIO SELÉUCIDA

EGIPTO

Mientras tanto, una **NUEVA AMENAZA** apareció en la península itálica, justo al lado de las colonias griegas. ¿Se te ocurre cuál?

La república de Roma llevaba años **EXPANDIÉNDOSE**. A finales del siglo III a. C., estaba metida hasta las orejas en su lucha contra **CARTAGO** (en el actual Túnez). Pero entonces se enteró de que su enemigo ¡estaba negociando **una alianza con Macedonia**!

Así, Roma y Macedonia se enfrentaron en la **primera guerra macedónica** (214-205 a. C.). La cosa terminó sin un claro vencedor, pero Roma consiguió lo que quería: mantener a Macedonia **lejos** de Cartago. Y le vino muy bien, ya que, solo tres años después, acabó **DERROTANDO** a su enemigo.

¿Y entonces qué? Roma no tardó en mirar hacia los reinos helenísticos. ¡Eran la clave para **DOMINAR** todo el Mediterráneo! Además, si derrotaban a Macedonia, los griegos los recibirían como a **libertadores**.

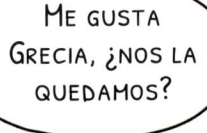

ME GUSTA GRECIA, ¿NOS LA QUEDAMOS?

Así empezó la **segunda guerra macedónica** (200-197 a. C.), en la que Roma contó con el apoyo de la liga Etolia y la liga Aquea. Como resultado, Macedonia **PERDIÓ** sus territorios de la Hélade.

Los griegos estaban encantados…, aunque ahora, en vez de controlarlos Macedonia, los controlaba **ROMA**.

Y Roma no paró ahí. Volvió a enfrentarse dos veces más a Macedonia, en la **tercera** y la **cuarta guerra macedónica** (171-168 a. C. y 150-148 a. C.), hasta que Macedonia acabó convertida en **PROVINCIA ROMANA**.

¡SOMOS LIBRES!

BUENO, NO TE PASES.

Para entonces, los griegos ya se habían dado cuenta: Roma no era un libertador: **¡ERA UN NUEVO INVASOR!** Por eso, la liga Aquea le declaró la guerra en el 146 a. C., algo que… fue un **SUICIDIO**. Los romanos, que no estaban para tonterías, **MACHACARON** a la liga y redujeron la ciudad de Corinto a escombros. **NADIE** osaba enfrentarse a Roma.

Así, Grecia se convirtió en la **provincia romana de Acaya**.

Ese fue el **FIN** de la Grecia helenística, y también de la civilización que conocemos como **Antigua Grecia**.

¡PERO A LOS ROMANOS LES ENCANTABA LA CULTURA GRIEGA! ESTUDIARON SU FILOSOFÍA, POESÍA… INCLUSO LES COPIARON LOS DIOSES.

POR ESO SE HABLA DE «CULTURA GRECORROMANA»: LA MEZCLA ENTRE LAS DOS. ¡PUNTO PARA GRECIA!

Capítulo II

Del mito a la razón

La tierra de los mitos

Ahora conoces la historia de la Antigua Grecia. Pero olvídate de **sobrevivir** si no tienes en cuenta a los **DIOSES, SEMIDIOSES Y DEMÁS CRIATURAS MÍTICAS**.

PERO A VER...
¡¿EXISTIERON O NO EXISTIERON?!

Los **MITOS** (*mythos* en griego) son relatos de **ficción**, pero eso no significa que no sean importantes. Toda civilización tiene sus mitos. Al fin y al cabo, los seres humanos nos hacemos preguntas: ¿cómo se creó el universo?, ¿por qué llueve?, ¿por qué sentimos odio o amor? Hace siglos, estas preguntas se contestaban mediante los mitos: **historias sagradas** que daban una explicación legendaria de la realidad y que reflejaban la manera de pensar de los humanos de antaño. Porque, para ellos, ¡los mitos sí eran **REALES**!

POSEIDÓN DEBE DE ESTAR ENFADADO.

YA, CLARO...

Los griegos construyeron una **mitología apasionante**, llena de deidades como las ninfas, las nereidas... y las más importantes: los **DIOSES**.

Los dioses del Olimpo

Los dioses descendían de otra raza de divinidades: los **TITANES**. Pero el rey de los titanes, Cronos, tenía miedo de que sus hijos le arrebataran el trono del universo. Así que, cada vez que un dios nacía, **¡SE LO COMÍA!** Horrorizada, Rea, su esposa, escondió a su último hijo: Zeus. Cuando este se hizo mayor, liberó a sus hermanos de la barriga de su padre y los dioses **se enfrentaron** a los titanes, que fueron derrotados. Ahora, el universo era de los dioses. ¿Quieres conocerlos?

Zeus: Dios del trueno, rey de los dioses. Controla el clima y representa la justicia y la ley. Le encanta ligar con ninfas, mortales, incluso pájaros... ¡y eso le trae muchos problemas con Hera, su esposa!

Poseidón: Dios del mar y hermano de Zeus y Hades. Es un poco cascarrabias, así que, si ves olas gigantes o un maremoto, no te preocupes: está teniendo un berrinche submarino.

Hades: Dios de los muertos, hermano de Zeus y Poseidón. Vive en el Inframundo (su reino subterráneo, donde van las almas después de morir). Los antiguos griegos le tenían mucho respeto. ¡Ni siquiera se atrevían a decir su nombre!

> ESTOS ERAN CONOCIDOS COMO LOS TRES GRANDES. ¡PERO AÚN HABÍA MÁS!

Hera: Diosa del matrimonio y la familia, reina de los dioses y hermana de los Tres Grandes. Protege a las mujeres en los partos... Aunque no es tan maja con las amantes de su marido, Zeus. Les hace la vida imposible a ellas... ¡y a sus hijos!

Atenea: Diosa de la sabiduría, la estrategia militar y las artes. Cómo no iba a ser lista si... ¡nació de la cabeza de Zeus! Los atenienses la eligieron como protectora de la ciudad (de ahí su nombre, Atenas).

Hermes: Dios mensajero, hijo de Zeus. Es protector de los comerciantes, los viajeros y... ¡los ladrones! (El muy pillín le robó sus bueyes sagrados a Apolo.) También guía a los muertos al Inframundo.

Afrodita: Diosa del amor, la belleza y el deseo. Nació de la espuma del mar. Nadie se resiste a sus encantos... Aunque a veces puedan llevarte a la ruina. ¡Si no, que pregunten a Paris, el príncipe que provocó la guerra de Troya!

Hefesto: Dios del fuego, la forja y la artesanía, hijo de Hera. Los demás dioses se meten con él porque está cojo y es feo. ¡Pero ojo! Es un gran herrero: ¡le fabricó la armadura al mismísimo Aquiles!

Apolo: Dios de la música y la poesía, protector de las artes y el conocimiento, ¡casi nada! Además, se le dan muy bien las profecías. Es hijo de Zeus, hermano gemelo de Artemisa, y representa el sol.

Artemisa: Diosa de la caza, la naturaleza y los animales salvajes, protectora de las mujeres jóvenes. Decidió no casarse nunca y le encanta andar por el bosque. Es hija de Zeus, hermana gemela de Apolo, y representa la luna.

Ares: Dios de la guerra y la violencia, hijo de Zeus y Hera. A él también le va la batalla, como a Atenea, pero lo suyo es más la sangre, los mamporros... Lo bruto, vaya.

Deméter: Diosa de la agricultura y la fertilidad, hermana de los Tres Grandes. Su hija Perséfone está casada con Hades y se pasa la mitad del año en el Inframundo; cuando Perséfone no está, Deméter se pone tan triste que provoca el invierno.

Hestia: Diosa del hogar, hermana de los Tres Grandes. No le gustan los líos de sus hermanos; de hecho, dicen que se marchó del monte Olimpo. Su símbolo es la llama que arde en los hogares y los altares.

YO REEMPLACÉ A HESTIA. ¡ME CONOCERÁS EN LA PÁGINA 59!

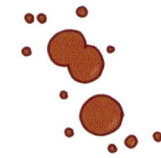

Tiempo de héroes

En la mitología griega, también hay **héroes**: mortales que viven aventuras épicas, haciendo frente a **PELIGROS TERRIBLES**. ¡Sus hazañas son inolvidables! Servían como **modelos de conducta**, enseñando a los griegos el valor del esfuerzo, la lealtad y la gloria. ¿A quién no le gustaría ser un héroe?

Pero ¡ojo! Los héroes **no eran perfectos**. A veces se dejaban llevar por un gran defecto que les hacía **PASARSE DE LA RAYA**: es decir, traspasaban los límites impuestos por el destino o los dioses. Este exceso se conocía como **hybris** y era LO PEOR que podías hacer... Así que esto también servía de **ADVERTENCIA**.

Heracles: Más conocido como Hércules, fue el semidiós más cachas de todos. Era hijo de Zeus y la reina Alcmena, o sea que Hera le tenía mucha manía; de hecho, cuando era un bebé, le envió dos serpientes a la cuna... ¡pero Heracles las estranguló! Es famoso por completar los «Doce Trabajos», que incluían desafíos como matar a la hidra de Lerna y capturar al león de Nemea.

Perseo: Era hijo de Zeus y la princesa Dánae (y, por algún motivo, Hera no le molestó demasiado). Realizó grandes hazañas: derrotó a la temible Medusa, rescató a la princesa Andrómeda de un monstruo marino... ¡Y ojo! Fundó una ciudad que ya conoces: ¡Micenas!

Atalanta: Hija de reyes, era una cazadora excepcional: ¡cazó ella solita al jabalí de Calidón! Sus padres la presionaban tanto para que se casara que llegó a un acuerdo con ellos: se casaría con aquel que la venciera en una carrera. Aunque claro, Atalanta era rapidísima: ¡no había quien la pillase!

Aquiles: Fue el mayor héroe de la guerra de Troya. Su madre Tetis, una ninfa del mar, lo bañó en fuego divino para volverlo invulnerable; lo único que quedó desprotegido fue su talón, ya que lo agarraba por ahí mientras lo bañaba... Y ese punto débil fue su perdición. ¡Ay! También tuvo muchos problemas por su mal genio: ¡esa fue su *hybris*!

Monstruos

Medusa: Tiene una melena de serpientes y convierte en piedra a los que la miran a los ojos. Aunque no nació así: fue Atenea quien la transformó.

Cíclopes: Son gigantes con un solo ojo. El más famoso, Polifemo, intentó comerse al héroe Odiseo..., pero este escapó y, de paso, ¡lo dejó ciego!

Hidra: Esta especie de dragón tiene trampa: cada vez que le cortan una cabeza..., ¡le crecen dos más! ¡Es casi imposible de matar!

Hablando con los dioses: el oráculo

¿Demasiados dioses, héroes y monstruos? Puede que tengas la cabeza **HECHA UN LÍO**, pero no te preocupes: si tienes dudas sobre tu próximo paso, la Antigua Grecia tiene la solución: el **oráculo**. Él te dará las respuestas. ¿No tienes claro un asunto de negocios? Pregunta al oráculo. ¿No sabes si declarar la guerra a tu enemigo? Pregunta al oráculo. ¿No te decides por los muebles que quieres poner en casa? Pregunta al oráculo.

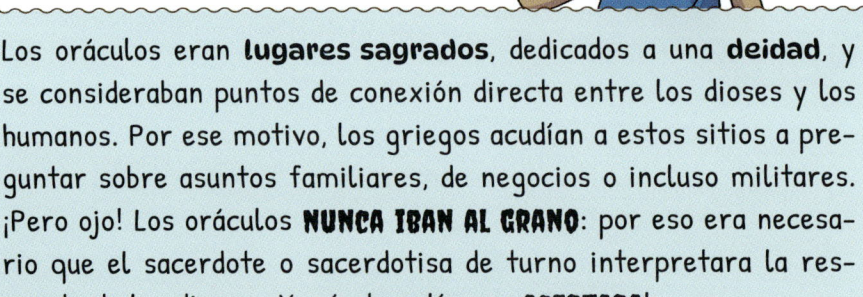

VALE, PERO ¿QUÉ ES ESTO, UNA APLICACIÓN PARA EL MÓVIL? ¿DÓNDE LA DESCARGO?

Los oráculos eran **lugares sagrados**, dedicados a una **deidad**, y se consideraban puntos de conexión directa entre los dioses y los humanos. Por ese motivo, los griegos acudían a estos sitios a preguntar sobre asuntos familiares, de negocios o incluso militares. ¡Pero ojo! Los oráculos **NUNCA IBAN AL GRANO**: por eso era necesario que el sacerdote o sacerdotisa de turno interpretara la respuesta de los dioses. ¡Y más te valía que **ACERTARA**!

SI CRUZAS EL RÍO, DESTRUIRÁS UN GRAN IMPERIO.

¿EL DEL ENEMIGO O EL MÍO?

Existieron muchos oráculos, como el de **Dodona** en la región de Epiro, que estaba dedicado a Zeus. Allí, los sacerdotes interpretaban los mensajes divinos ¡mediante el susurro de las hojas de un **ROBLE SAGRADO**! Pero el más famoso es sin duda el de **Delfos**.

¡SOCORRO! ¡ESTE ÁRBOL HABLA!

La voz de Apolo: el oráculo de Delfos

En el monte Parnaso, cerca de Delfos, había un templo dedicado al dios Apolo. ¡El de las **profecías**, precisamente! Pues bien, este fue el oráculo más importante de la Antigua Grecia.

¡EL REY LEÓNIDAS CONSULTÓ AL ORÁCULO DE DELFOS PARA SABER SI DEBÍA IR A LA GUERRA CONTRA LOS PERSAS EN LAS TERMÓPILAS!

El oráculo estaba presidido por la **PITIA**. Esta sacerdotisa se sentaba en una especie de silla colocada sobre una grieta en el suelo. De esta grieta salían **vapores** que la hacían entrar en **TRANCE**; así era como contactaba con el dios Apolo.

Del *mythos* al logos

Como ves, los mitos eran una parte muy importante de la **identidad griega**. Durante siglos, fueron la explicación que los helenos dieron a todo lo que los rodeaba.

Sin embargo, a partir del siglo VI a. C., hubo un cambio en la zona de **Jonia**. Pensadores como **Tales de Mileto** se pusieron a darle al coco. Y se dieron cuenta de que se podían buscar **explicaciones racionales** para los fenómenos naturales. Es decir, que podían entender cosas como los terremotos o el cambio de posición de las estrellas en la noche si se centraban en **observar**... y sacar **conclusiones**.

PERO ¡CUIDADO! TALES SE PASABA TANTO TIEMPO MIRANDO LAS ESTRELLAS QUE UNA VEZ SE CAYÓ EN UN HOYO.

Así, los pensadores empezaron a entender muchas cosas. Ya no había tanto **MISTERIO**. Se podía explicar la realidad a través de la **razón** o, como ellos la llamaban, el **logos**. Y esto fue una revolución. Piénsalo: ¡incluso la palabra *lógica* viene de *logos*!

Tales de Mileto
(siglos VII–VI a. C.)

Anaximandro
(siglos VII–VI a. C.)

Anaxímenes
(siglo VI a. C.)

Pitágoras
(siglos VI–V a. C.)

Heráclito
(siglos VI–V a. C.)

Demócrito
(siglos V–IV a. C.)

ENTONCES, ¿ESTOS TIPOS DEJARON DE CREER EN LOS DIOSES?

BUENO, NO EXACTAMENTE.

Esto no hizo que los griegos pasaran de los dioses; pero sí cambió su manera de **interpretar** la realidad. A partir de entonces, los pensadores no le daban a todo un origen mítico (*mythos*), sino que trataban de encontrar una explicación racional (*logos*). Su objetivo era el **conocimiento**. Y así, ay, amigo, crearon la madre de todas las ciencias: la **filosofía**.

La palabra *filosofía* viene del griego y significa 'amor por la sabiduría'. Tal vez te sorprenda, pero es considerada la **primera ciencia**. Al fin y al cabo, en la filosofía griega hay cabida para todo tipo de cuestiones, incluyendo las matemáticas o la física. Los filósofos buscan entender el **porqué** y el **cómo** de todo lo que nos rodea.

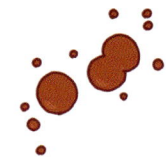

🔲 Buscando la verdad 🔲

En el siglo V a. C., la filosofía se extendió por la Hélade. Y en Atenas, la gran democracia, aparecieron los **SOFISTAS**.

Los sofistas, como Protágoras, Gorgias o Hipias, dejaron a un lado los fenómenos naturales y empezaron a hablar de problemas **más humanos**, como la ética o la educación. Pero había opiniones tan dispares que se pusieron a pensar: ¿existía una manera **correcta** de hacer las cosas, una verdad objetiva? ¿O todo dependía de la **perspectiva** de cada persona?

¡ESTO NO PESA NADA!

¡ESTO ES MUY PESADO!

Los sofistas defendían que **NO HAY UNA VERDAD ÚNICA** para todo el mundo. ¡Y esto ponía en jaque muchas cosas! Piensa en las leyes, por ejemplo: podían ser justas para alguien, pero para otra persona no. O sea, no respondían a una justicia **objetiva**. Las leyes solo eran como eran porque aquellos que las hacían **opinaban** que tenían que ser así y punto. ¡Y así con todo!

YO NO PUEDO DECIR QUE LOS DIOSES EXIST...

¡CALLA, PROTÁGORAS, QUE LA LÍAS!

Pero, si la verdad **NO EXISTÍA**, ¿qué les enseñaban los sofistas a sus alumnos? Pues a utilizar la argumentación para **conseguir lo que querían**; por ejemplo, en un juicio. ¡Daba igual si eran culpables o no!

¡GRACIAS, PROFE! CON ESTO SEGURO QUE ME LIBRO DE LA CONDENA.

POR SUERTE, LLEGÓ UN FILÓSOFO QUE HIZO FRENTE A ESTOS JETAS: ¡SÓCRATES!

Sócrates se quedó muy sorprendido cuando un oráculo dijo que él era el hombre más sabio del mundo. Convencido de que era un **error**, se dedicó a hacer preguntas a los sabios de Atenas, pero se dio cuenta de que la mayoría de los sofistas eran **¡PUROS CHARLATANES!**

Sócrates sí creía que existían las verdades objetivas, y animaba a todo filósofo a acercarse a ellas. ¿Cómo? Utilizando la **conversación**: una persona hace preguntas y la otra responde. Esto nos permite **cuestionar** nuestras ideas preconcebidas (es decir, lo que creíamos de antes) y llegar a la **verdad**.

¿CÓMO HAS LLEGADO A ESA CONCLUSIÓN?

¿CÓMO PUEDES SABER QUE LO QUE DICES ES CIERTO?

¡A ESTO SE LE LLAMA «MÉTODO SOCRÁTICO»!

SÓCRATES INSPIRÓ A DOS GRANDES FILÓSOFOS. ¿QUIERES CONOCERLOS?

Los dos grandes socráticos

Platón (427-347 a. C.)

• Fundó la Academia en Atenas. En ella se enseñaban matemáticas, medicina, retórica, astronomía y política.

• Según su teoría de las ideas, el mundo físico (el que percibimos con los sentidos) es solo una sombra del mundo verdadero: el de las ideas, donde todo es perfecto. La Verdad universal está en ese mundo superior.

Aristóteles (384-322 a. C.)

¡¿QUE ESTE MUNDO NO ES REAL?!

VS

• Fue alumno de Platón. Después, tras ser tutor de Alejandro Magno, regresó a Atenas y fundó su propia escuela, el Liceo, ¡rival de la Academia!

• La polis perfecta debe estar gobernada por filósofos, porque solo ellos conocen realmente el Bien, la Justicia y la Verdad.

• Creía que era importante observar y hacer experimentos con el mundo físico para alcanzar el conocimiento.

• Escribió sobre muchos temas: política, ética, biología, astronomía… No obstante, sus seguidores (conocidos como «los peripatéticos») se acabarían centrando en las ciencias naturales.

• Los humanos somos «animales políticos»: es decir, para ser felices, necesitamos vivir en una polis, o sea, en comunidad.

POLÍTICA VIENE DEL GRIEGO *POLITIKÉ*, QUE SIGNIFICA 'ARTE DE GOBERNAR LA POLIS'.

ES DECIR, LO POLÍTICO ES TODO LO QUE TIENE QUE VER CON LAS DECISIONES DE UNA COMUNIDAD.

PERO TUVE MUCHOS MÁS FANS. ¡MIRA!

El cinismo (s. IV a. C.): iniciado por Antístenes, enseñaba que hay que vivir acorde a la naturaleza y no a las normas sociales (¡para ellos eran pura hipocresía!). Su seguidor más famoso, Diógenes de Sinope, vivió dentro de un barril en la calle, para demostrar que no se necesitaban riquezas para ser feliz. ¡Platón lo llamaba «Sócrates delirante»!

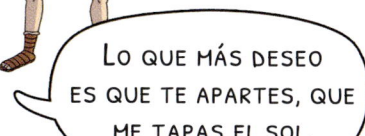

SOY ALEJANDRO. PUEDO DARTE LO QUE MÁS DESEES.

LO QUE MÁS DESEO ES QUE TE APARTES, QUE ME TAPAS EL SOL.

El escepticismo (s. IV a. C.): muchas corrientes filosóficas tenían algo de escepticismo; es decir, se dudaba sobre la seguridad que se podía tener de algo. Pero el primer filósofo que llevó esto al límite fue Pirrón. Decía que no se puede conocer la verdad, así que ¿para qué comerse el tarro? ¡Simplemente aceptémoslo y ya está!

El epicureísmo (finales del s. IV a. C.): Epicuro y sus seguidores creían que la felicidad está en disfrutar de la vida. Pero ¡no se refería a hacer fiestas todo el tiempo!, sino a vivir de forma sencilla y sin desear muchas cosas; así, no te decepcionas. La clave está en el equilibrio. Su lugar de reunión se llamaba «el jardín», un huerto donde se pasaban el día cuidando de sus plantas y charlando. ¡Qué buen plan!

El estoicismo (s. III a. C.): fundado por Zenón de Citio, decía que lo más importante es hacer lo correcto y ser buena persona. Para ello, la razón y el control de uno mismo eran fundamentales. De hecho, los estoicos creían que había que aceptar las cosas que no se pueden cambiar, como la naturaleza y el destino. ¡Qué duros!

Heridas y enfermedades

Más allá del bien y la verdad, la filosofía de las ciencias físicas también tuvo su desarrollo. De hecho, de todos los textos que han llegado hasta nuestros días, el más antiguo que menciona la palabra *filosofía* es un tratado de **MEDICINA**. ¡Y es que los médicos también eran filósofos! Si lo piensas, tiene sentido, ya que una de las preguntas clave que se hicieron los filósofos es: **¿qué es el ser humano?**

¿QUÉ SOMOS?

¡DÉJAME ABRIRTE EN DOS Y TE LO DIGO!

Los griegos tenían claro que estamos hechos de huesos, músculos, órganos y un montón de **COSAS VISCOSAS**; al fin y al cabo, sabían tratar cortes, huesos rotos... Muchas de estas heridas se producían en la **GUERRA**, así que aprendieron a limpiarlas y coserlas con hilo y aguja, usando vendas empapadas en vinagre o vino para evitar infecciones.

PERO ¿Y SI LO QUE TENGO ES UNA ENFERMEDAD?

TRANQUI, ME HACES UN PAR DE SACRIFICIOS Y FUERA.

Para las enfermedades los primeros griegos solo tenían un remedio: la **MAGIA**. Los enfermos acudían a los santuarios de **Asclepio**, el dios de la curación, y realizaban **RITUALES** para sanar.

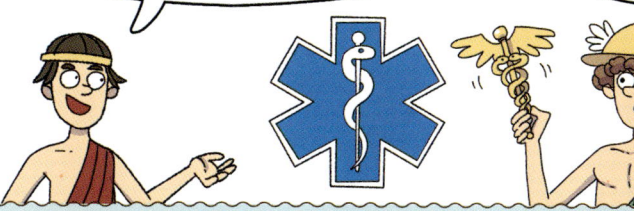

POR SUERTE, EL LOGOS TAMBIÉN CAMBIÓ ESTO..., AUNQUE EL SÍMBOLO DE ASCLEPIO AÚN REPRESENTA LA MEDICINA HOY EN DÍA.

¡NO LO CONFUNDAS CON MI CADUCEO! SE PARECEN, PERO EL MÍO SIMBOLIZA EL COMERCIO. ¡QUE SOY HERMES, JOLINES!

Otra forma de sanar

El médico **Hipócrates** (440-360 a. C.) aprendió de grandes filósofos en la época del logos, y popularizó una nueva manera de hacer medicina: estudiaba las enfermedades observando la fiebre, el pulso o el dolor de los pacientes, para tratar de identificar lo que les ocurría. ¡Así se aprendía mucho!

Hipócrates fundó una escuela en la que sus alumnos seguían una serie de reglas, conocidas como el **«juramento hipocrático»**. Este juramento, entre otras cosas, decía que los médicos debían cuidar a sus pacientes y **NO HACER DAÑO**. También les prohibía hacer **OPERACIONES PELIGROSAS** si no tenían la experiencia necesaria. ¡Era un sello de calidad!

Peligro: ¡Charlatanes!

ASEGÚRATE DE QUE TU MÉDICO HA HECHO EL JURAMENTO HIPOCRÁTICO. SI NO, ¡PUEDE QUE, EN VEZ DE CURARTE, TE ACABE MATANDO!

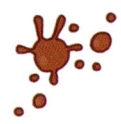

¿Quién dijo eureka?

Tanta observación de la naturaleza dio paso a un montón de **teorías** que, por supuesto, pronto se pusieron **EN PRÁCTICA**. Así llegaron un montón de conocimientos asombrosos. ¡Mira!

Siglo VI a. C.

Teorema de Pitágoras: Si no lo conoces, lo conocerás pronto en clase de Matemáticas. Y es que, con este teorema, Pitágoras dio un gran impulso a la geometría griega. Puede usarse en ámbitos de todo tipo, ¡desde la física hasta la arquitectura!

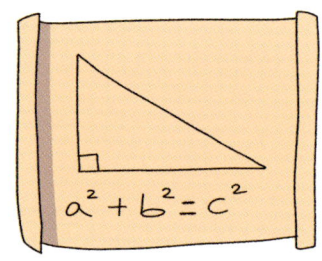

$$a^2 + b^2 = c^2$$

Siglo V a. C.

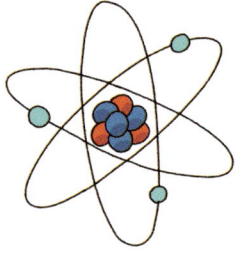

Teoría de los átomos: Demócrito decía que los objetos están compuestos de partículas más pequeñas: los átomos. No lo pudo demostrar, ¡pero tenía razón!

Siglo IV a. C.

Modelo heliocéntrico: En otras palabras: la idea de que la Tierra gira alrededor del Sol. Esta teoría se suele asociar a Copérnico, pero lo cierto es que, ya en la Antigua Grecia, Aristarco de Samos propuso este modelo. Lamentablemente, no le hicieron mucho caso.

Siglo III a. C.

¡Eureka!

Principio de flotación: También conocido como el «principio de Arquímedes», su creador, este principio explica por qué algunos objetos flotan en el agua mientras que otros se hunden. ¡Muy útil para construir barcos!

Siglo III a. C.

La circunferencia de la Tierra: Aunque parezca increíble, Eratóstenes de Cirene fue capaz de medir la circunferencia de la Tierra con sorprendente precisión. ¿Cómo, si no había satélites? Pues usando la geometría y observando el movimiento de las sombras en distintos lugares. ¡Alucina!

Siglo II a. C.

Artilugios «Made in Hellas»

El tornillo de Arquímedes: Este dispositivo en forma de espiral servía para elevar agua de niveles bajos a altos. Es tan eficaz que se ha utilizado en sistemas de riego hasta hoy en día.

El mecanismo de Anticitera: Esta máquina tan sofisticada, llena de engranajes, era una especie de ordenador mecánico. ¡Como lo lees! Se cree que servía para hacer cálculos astronómicos, para preparar calendarios y predecir eclipses.

Los autómatas: Estos artefactos con forma humana o animal se movían de manera mecánica. Se usaban en los templos para asombrar a los visitantes. ¡Eran los robots de la Antigüedad!

🔲 La magia de los ritos 🔲

Puede que te parezca que, con todos los avances del logos, los griegos **SE OLVIDARON** de los dioses. ¡Pues no! A pesar de la popularidad de la ciencia y la filosofía, la mayor parte del pueblo griego tenía un profundo sentido de **lo sagrado**.

Peligro: ¡No seas descreído!

SÓCRATES FUE CONDENADO A MUERTE POR NO CREER EN LOS DIOSES QUE ATENAS RECONOCÍA COMO OFICIALES. ¡NO COMETAS EL MISMO ERROR!

No es fácil hablar de las creencias de la Antigua Grecia, ya que lo suyo no era lo que nosotros hoy entendemos por «religión». Por ejemplo, no tenían un libro sagrado, ni unas normas absolutas. Simplemente creían que las **DIVINIDADES** tenían un papel fundamental en su **bienestar**, tanto en la vida como en la muerte, así que recurrían a ellas constantemente. ¿No llueve y los campos se secan? Reza a Deméter. ¿Tu polis está siendo asediada por unos tipos que vienen de Asia? Pide protección al dios o a la diosa de la ciudad.

A cambio, los griegos les dedicaban **ofrendas**. Estas dependían de la petición: para los problemas cotidianos, bastaba con unos dulces, frutas… Pero, si hablamos de cosas MUY serias, mejor **SA-CRIFICAR** animales, como cabras, ovejas o directamente bueyes. ¡Había que contentar a los dioses!

> ADEMÁS DE ESTO, A MENUDO SE CELEBRABAN GRANDES FESTIVIDADES EN HONOR A LOS DIOSES. ¿A QUIÉN NO LE GUSTA UNA BUENA FIESTA?

Festividades

Las festividades eran muy importantes en la vida de la polis. Solían estar relacionadas con las temporadas de **siembra y cosecha**, pero cada ciudad tenía las suyas. Por ejemplo, en Atenas se celebraban las Panateneas: **juegos** en honor a Atenea, que consistían en competiciones gimnásticas y una gran procesión que atravesaba la ciudad.

Pero, si había una fiesta divertida, era la dedicada al **dios Dioniso**. ¡Sí, ese que acabó sustituyendo a Hestia en el Olimpo! Dioniso era el dios del vino y la alegría, así que no es de extrañar que en su fiesta hubiera de todo: procesiones, sacrificios... ¡y **COMPETICIONES DE BEBIDA**! Además, un grupo de personas se disfrazaba y se dedicaba a bailar y cantar... **¡Menuda juerga!**

> CON EL TIEMPO, ESTAS FIESTAS DIERON LUGAR A ALGO AÚN MÁS IMPORTANTE.

> ¿SE TE OCURRE EL QUÉ? ELIGE TU ASIENTO Y PONTE CÓMODO...

La cuna del teatro

Es muy probable que el teatro, el **arte dramático**, naciera de las celebraciones en honor a Dioniso. Al fin y al cabo, en esas fiestas, la gente se disfrazaba y **actuaba**. Solo fue cuestión de tiempo que apareciera una figura protago-nista, que hablaba siguiendo un guion. Ense-guida surgió la idea de escribir obras para ser representadas. Dioniso, dios de las fiestas, ¡era ahora **el patrón del teatro**!

Con el tiempo, se **construyeron** teatros y surgieron **profe-siones** ligadas al nuevo arte, pero en ningún momento perdió su carácter **SAGRADO**. Antes de que empezara cada representa-ción, se hacían rituales para **PURIFICAR** el lugar; por ejemplo, un pequeño sacrificio. Luego, un heraldo, una especie de men-sajero, anunciaba el comienzo de la obra. ¡Era hora de **HONRAR** a Dioniso!

Las primeras obras eran protagonizadas por **un solo actor**, pero pron-to apareció otra parte importante del teatro griego: el **coro**. El coro era un grupo de actores que cantaban a la vez y dialogaban con el pro-tagonista, dando voz a las opiniones de la **sociedad**. Poco a poco, el teatro se desarrolló y aparecieron obras con más personajes e incluso música entre los actos. ¡Menudo espectáculo!

MUCHA GENTE EN ESCENA, PERO NINGUNA MUJER. ¡NO NOS DEJABAN ACTUAR!

¡TODOS USABAN MÁSCARAS! ¡QUÉ YUYU!

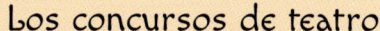

Los concursos de teatro

Las obras se representaban en los concursos de teatro. Estos eventos duraban **varios días**, y en ellos participaban un montón de autores. ¡Imagina ver 15 o 17 representaciones en cuatro días! Pues esa era la vida de hombres, mujeres y niños en ciudades como Atenas.

Una vez que se habían representado todas las obras, un **jurado** de diez personas votaba sus favoritas. Como símbolo de victoria, se les colocaba una **corona de hiedra** a los premiados. ¿Quieres participar?

Proskenion: En esta plataforma, los actores representaban sus escenas principales.

Parodos: Los pasillos de entrada y salida para el coro y los actores.

Skene: El *backstage*. Aquí los actores se cambiaban de vestuario sin ser vistos por el público.

Orquestra: La parte central del teatro, donde cantaba y bailaba el coro.

Thymele: El altar donde se hacían ofrendas a Dioniso antes de las representaciones.

Theatron: La zona donde se sentaban los espectadores solía estar en cuesta para que todo el mundo pudiera ver el escenario.

🔲 ¿Tragedia o comedia? 🔲

Pero ¿de qué hablaban las obras dramáticas? ¿De los honores que había que rendirle a Dioniso? ¡Para nada! Las obras griegas contaban un montón de historias distintas. Eso sí, se diferenciaban **DOS GÉNEROS DRAMÁTICOS**:

La tragedia: Este fue el primer género dramático, el que nació de las celebraciones en honor a Dioniso. Las tragedias eran historias muy intensas, serias y tristes, que se inspiraban en héroes mitológicos que lo habían pasado realmente mal.

JO, PUES QUÉ BAJONAZO, ¿NO?

Ah, pero es que hay truco. Al asistir a la representación, los espectadores vivían indirectamente esos sentimientos desgarradores que atormentaban al protagonista. Y, cuando acababa la obra y volvían a la realidad, experimentaban una liberación emocional, un alivio que les renovaba el alma. Esto se llama *catarsis*, que viene del griego *kátharsis* ('purificación'). Así que, para los griegos, el teatro era una especie de cura espiritual.

La comedia: No todo va a ser llorar, ¿verdad? Para reírse, estaban las comedias: historias graciosas, llenas de bromas, que muy a menudo ridiculizaban a poetas, filósofos e incluso a los gobernantes de la polis. ¡No se cortaban un pelo! Pero es que ese era el espíritu de Dioniso. ¡Al dios del teatro le gustaba pasárselo bien!

El teatro como lugar político

El teatro no era solo espíritu y entretenimiento: también era **POLÍTICA**. ¿Recuerdas lo que decíamos del origen de la palabra *política*? La política es todo lo relacionado con la organización de una comunidad. Así que, en una sociedad compleja, todo es política. ¡Y el teatro no se quedaba atrás!

A través de las historias representadas, los ciudadanos podían **REFLEXIONAR** sobre temas importantes, como la justicia o la guerra. De hecho, muchos se reunían después de las obras, para **debatir** sobre lo que habían visto. Esto ayudaba a formar **opiniones políticas**, es decir, perspectivas sobre cómo debería funcionar la vida en comunidad.

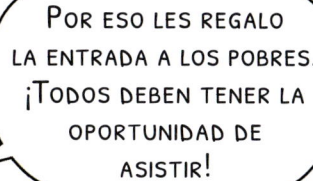

> PERICLES CREÍA QUE EL TEATRO PODÍA EDUCAR A LOS CIUDADANOS.

> POR ESO LES REGALO LA ENTRADA A LOS POBRES. ¡TODOS DEBEN TENER LA OPORTUNIDAD DE ASISTIR!

Grandes autores

Esquilo
(525-456 a. C.)

Murió porque le cayó una tortuga encima. ¡Eso sí que es una tragedia!

Sófocles
(496-406 a. C.)

Sus personajes luchaban contra el destino... y perdían.

Eurípides
(480-406 a. C.)

Le gustaba poner a las mujeres de protagonistas. ¡Qué moderno!

La poesía épica

Está claro que el teatro le debía mucho a la mitología. Pero, si estos mitos **SOBREVIVIERON** hasta la llegada de la escritura, fue gracias a otro arte: la **poesía**.

> PERO ¿QUÉ TIENEN QUE VER UNOS POEMAS ÑOÑOS CON NOSOTROS?

La poesía puede hablar de muchos temas: de romances ñoños... y también de héroes míticos. Así era la **POESÍA ÉPICA** de la Antigua Grecia: trataba grandes hazañas del pasado, y fue muy útil para preservar la memoria de los griegos. A falta de escritura, ¿qué podían hacer? Pues **recitar**.

> ¿RECITAR TODAS ESTAS HISTORIAS? ¿CÓMO NARICES SE LAS APRENDÍAN DE MEMORIA?

Para eso estaban los **aedos**: poetas que componían **EPOPEYAS**, es decir, poemas épicos. Estas historias se contaban **en verso**, y seguían un **ritmo** concreto. De hecho, los aedos solían acompañar su narración con **música** de la cítara.

> ¡ASÍ ES MÁS FÁCIL MEMORIZAR! ¿O ACASO TÚ NO TE SABES DE MEMORIA TU CANCIÓN FAVORITA?

Pero, claro, un solo poeta no puede llegar muy lejos. Por eso existían los **rapsodas**, que se aprendían las epopeyas y luego las recitaban por ahí; en este caso, marcando el ritmo con golpes de **BASTÓN**.

LAS EPOPEYAS SOBREVIVIERON ASÍ DURANTE DÉCADAS.

DOS DE ELLAS SON FAMOSÍSIMAS. ¡MIRA!

La Ilíada: Esta epopeya habla de la guerra de Troya (también llamada Ilión, de ahí el título). ¡Pero solo cuenta una parte! Concretamente, aquella en la que Aquiles se cabrea, luego matan a su mejor amigo, se cabrea más y acaba cargándose a Héctor, el héroe de los troyanos. Mucha mala leche y mucha sangre, vaya.

La Odisea: Si la *Ilíada* va sobre Ilión, la *Odisea* va sobre Odiseo. Este héroe participó en la guerra de Troya y, tras su victoria, se embarca para volver a casa. Problema: los dioses se la tienen jurada. Así que se topa con cíclopes comehombres, sirenas asesinas y otros monstruos antes de conseguir llegar a casa. ¡Menuda aventura!

Grandes autores

Homero

El poeta épico más famoso, autor de la *Ilíada* y la *Odisea*. Solo que... no se sabe si existió. O si eran varias personas. O si la *Ilíada* la compuso una persona y la *Odisea* otra. O sea, que no sabemos... nada.

Hesíodo

Se marcó un trabajazo: compuso la *Teogonía*, sobre el origen de los dioses y el cosmos. También es autor de *Los trabajos y los días*, que trata del trabajo como destino de la humanidad. ¡Qué pereza!

La poesía lírica

Si lo tuyo no son las historias de guantazos, ¡tranqui! En Grecia existía otro tipo de poesía: la **lírica**. Estas obras expresaban emociones y pensamientos profundos. A diferencia de la poesía épica, hablaban del amor, la amistad, la tristeza, la política, la naturaleza…, desde una **perspectiva íntima**. ¡Qué intenso todo!

> VAYA, ESTO SÍ QUE ES ÑOÑO.

> PERO ¿TÚ NO TIENES SENTIMIENTOS O QUÉ?

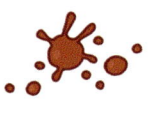

Esta poesía se llamaba «lírica» porque los poemas se cantaban acompañados de la **lira**, el instrumento favorito de **Apolo**. ¡Cómo no, si es el dios de la música y la poesía! A veces también se utilizaban otros instrumentos, como la flauta.

> PARECE INTERESANTE. ¡ME APUNTO!

Cómo hacer un poema lírico

- Cuenta cosas que solo escribirías en tu **diario**. Habla de tu primer amor, o de que te han dado calabazas. Si el corazoncito **te duele**, ¡mejor!

- ¡Menciona algo **bello**! Puedes hablar de los colores del otoño, de las aguas de un riachuelo... o de lo bonito que ha quedado tu cuarto después de la mano de pintura que tanto necesitaba.

- **Sé breve**, ve al grano. Así, de paso, el público se lo aprende rápido.

- Mete **música en directo** para acompañar tus versos, ¡tus fans se volverán locos!

Arquíloco (680-645 a. C. aprox.)

Aunque es más conocido por su poesía satírica, Arquíloco también se dedicó a la poesía lírica. Su obra refleja una visión mordaz de la vida. Era soldado, y su poesía a menudo trata temas de guerra, honor y crítica social. Es considerado un pionero en mezclar lo lírico con lo épico y lo satírico.

Safo de Lesbos (630-570 a. C. aprox.)

Una de las mayores poetas líricas de la Antigüedad. Sus poemas hablan sobre sentimientos personales, especialmente sobre el amor, y la mayoría están dedicadas a las mujeres de su círculo íntimo, con las que vivía en la isla de Lesbos.

Anacreonte (570-485 a. C. aprox.)

Famoso por sus poemas alegres sobre el amor, el vino y el placer. A diferencia de otros poetas líricos, Anacreonte celebraba la vida y los placeres sensuales con un tono divertido. ¡Le gustaba pasárselo bien!

Píndaro (518-438 a. C. aprox.)

Píndaro era un experto en celebrar a los vencedores de los juegos panhelénicos, como los Juegos Olímpicos. Dedicaba sus obras a los grandes atletas, y las llenaba de mitología y referencias a los dioses.

Capítulo III

Cómo convertirte en griego

◳ Habla en griego ◳

¿Te sientes capaz de **SOBREVIVIR** en la Antigua Grecia? Pues aún te falta una cosa fundamental: **¡el idioma!**

> ¡QUE VENGO EN SON DE PAZ!

> NO TENGO NI IDEA DE LO QUE DICE, ¡ATACADLE!

En la Antigua Grecia se hablaba griego; no el de hoy en día, sino el **griego antiguo** (lógico, ¿no?). En realidad, ya los micénicos hablaban una versión temprana del griego antiguo; pero, como en la Edad Oscura no hay escritos, no sabemos cómo se desarrolló el idioma hasta la Época Arcaica. Y, para entonces, el panorama era **TREMENDO**: un montón de polis **DESPERDIGADAS**, cada una con su propio **dialecto**: el jónico, el dórico, el eólico y el ático.

Durante la Época Clásica, la variante **ática** se convirtió en el griego **oficial**, ya que era el dialecto de Atenas, la estrella del momento. Por eso se le llama **«griego clásico»**. ¡Era la lengua de los poetas!

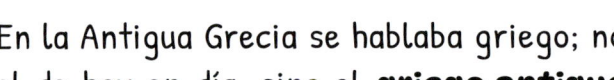

En la Época Helenística, el griego clásico se extendió por tantos territorios que acabó recibiendo muchas **influencias**. De esta mezcla nació el **griego helenístico**, que se convirtió en **LENGUA FRANCA**: el idioma en que se comunicaba la gente de todas partes, fueran helenos o extranjeros. ¡El griego era el idioma de la cultura, los negocios y la diplomacia!

> ¡COMO EL INGLÉS HOY EN DÍA!

¡A escribir!

Para escribir, los helenos usaban el **alfabeto griego**, inspirado en el de los **FENICIOS**, y, comparado con el Lineal B de los micénicos, ¡fue una revolución! Y es que en este alfabeto, cada letra representa un sonido (es decir, es **fonético**), lo que resulta **muy útil**. Está tan bien hecho que se sigue usando casi igual en el griego actual. ¡Lleva vivo **CASI TRES MIL AÑOS**!

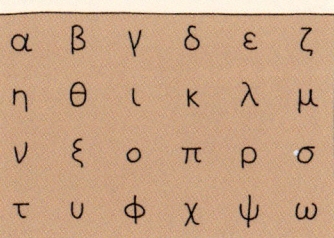

¿Y los **números**? Los micénicos usaban palitos, lo que se conoce como el sistema egeo. ¡Pero a los griegos se les ocurrió algo más ingenioso!

· El sistema ático ·
(a partir del siglo VII a. C.)

Cada símbolo procedía de la primera letra de cada número, excepto el 1, que era un simple palito.

· El sistema jónico ·
(a partir del siglo V a. C.)

Los símbolos de los números eran iguales que las letras, solo que con un acento al lado, para distinguirlos. Con el tiempo sustituyó al sistema ático.

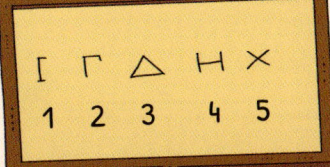

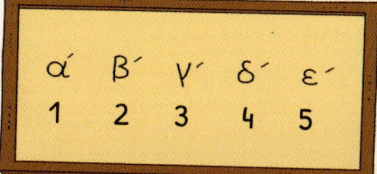

🔲 ¡Orden en la polis! 🔲

Otra de las claves para sobrevivir es, sin duda, saber **QUIÉN MANDA**. Porque recuerda: ¡en las polis griegas había de todo! ¿O acaso no te acuerdas de las diferencias entre Atenas y Esparta? Y no solo eso: es que, **de una década a otra**, las cosas podían cambiar mucho en una misma polis. ¡Presta atención!

Monarquía: Seguro que sabes lo que es: el poder es del rey, y el trono va pasando de padres a hijos… Pero ¡ojo! En algunas polis griegas, como Esparta, podía haber dos reyes a la vez. ¡Qué locura! Por lo demás, todo normal: los monarcas griegos eran los jefazos de los asuntos políticos, militares y religiosos, y solían estar asesorados por un consejo (llamado *gerusía*).

Oligarquía: En este sistema, la polis es gobernada por un pequeño grupo de personas adineradas. A menudo se combinaba con la monarquía, ya que los consejeros que asesoraban al monarca solían ser ricos. Corinto o Tebas, por ejemplo, tuvieron periodos de oligarquía.

O SEA QUE ¡¿MANDABAN LOS RICACHONES?! ¡¿SOLO POR TENER PASTA?!

¿DE QUÉ TE SORPRENDES? ¡SI ES LO QUE PASA SIEMPRE!

Tiranía: Probablemente esto te suene fatal, pero para los antiguos griegos la palabra *tiranía* no tenía por qué ser negativa. Un tirano era, simplemente, una persona que se hacía con el poder por medios poco convencionales; a veces, el propio pueblo aupaba a los tiranos para derrocar a un rey o una oligarquía injusta. Entre los tiranos más queridos está Pisístrato, que favoreció a los campesinos y la cultura en Atenas.

Democracia: Ya sabes: el gran invento griego. Los ciudadanos varones de más de 18 años creaban leyes y tomaban decisiones sobre el gobierno en asambleas, como la Ekklesía en Atenas. Pero cuidado: para ser considerado ciudadano, tenías que ser libre y de padres atenienses. Si no, no te hacían ni caso.

Sea cual sea tu sistema político, debes tener una cosa clara: **la polis lo es TODO**. Las leyes se hacen por y para su bienestar, y hay un montón de personas que **SE ASEGURAN** de que se cumplan: desde los **arcontes**, que se ocupaban de la administración y la justicia, hasta una especie de cuerpo de **policía**, formado por esclavos que eran propiedad del Estado.

¿Que te pones rebelde? Pues prepárate para los **CASTIGOS**, que no son pocos. Si la lías, pueden multarte, apalearte, ejecutarte o condenarte al **OSTRACISMO**, es decir, mandarte al exilio. ¡Los griegos no se andaban con tonterías!

◨ La ciudad ◨

¿Te atreves a visitarnos? Pues prepárate para internarte en la polis: una ciudad caótica, llena de oportunidades..., ¡pero también peligros!

Casas: Las viviendas eran sencillas, generalmente de una o dos plantas. Las casas más ricas tenían patios interiores, ¡menudo lujo!

Ágora: La plaza central. Era el corazón de la vida pública, ya que los griegos solían ir allí a debatir sobre política, comercio y filosofía. También había un mercado al aire libre.

Puerto: En las ciudades costeras, solía haber un puerto fortificado. ¡Resultaba muy útil para recibir provisiones en caso de asedio!

Murallas: Muy útiles para protegerse de los invasores, que no eran pocos. ¡Había que estar preparado!

🔲 La vida rural 🔲

¿Que te da pereza tanto ajetreo? Pues puedes vivir en el **campo**. A los griegos les encantaba estar lejos de la ciudad, por la paz del entorno y la abundancia que podía proporcionar una buena finca. La vida campestre estaba muy **idealizada**, tanto que ¡incluso inspiraba a poetas como Aristófanes!

> VIVÍA TAN FELIZ EN EL CAMPO, UNA VIDA CORRIENTE, COTIDIANA, PERO BUENA Y SENCILLA... NO TENÍA PROBLEMAS NI PREOCUPACIONES, SOLO ABUNDANTES ABEJAS, OVEJAS Y ACEITUNAS.

Pero, claro, una cosa es lo que se cuenta... y otra cosa la **REALIDAD**. Y el campo estaba lejos de ser ideal. Para empezar, los caminos estaban hechos un **DESASTRE** y solo te podías mover yendo a pie, montado en un asno o a caballo. Por no hablar de las posadas, que eran **incomodísimas**. Pero, si se te hacía tarde, no tenías otro remedio que hospedarte allí: ¡por la noche los caminos **NO ERAN SEGUROS**!

¡PUAJ!

Y, por supuesto, hay un gran trecho entre ser un ricachón que va de vez en cuando a su finca y ser un humilde campesino que vive y trabaja en el campo. Si bien en el pasado hubo enormes terrenos propiedad de aristócratas, hacia la Época Clásica los campos estaban muy troceados y pertenecían a **pequeños propietarios**. Estos eran, por regla general, ciudadanos de clase media o baja, y trabajaban sus tierras con la ayuda de **JORNALEROS O ESCLAVOS**, si se los podían permitir. ¡Nada de relajarse entre los trinos de los pájaros!

Vides: Las uvas y el vino extraído de ellas eran muy apreciados. ¡Incluso se comerciaba con ello!

Olivos: El aceite de oliva era la estrella de las exportaciones. Servía para cocinar, para conservar alimentos...

Trigo y cebada

Legumbres y verduras

Árboles frutales: Higos, manzanas, peras, granadas, membrillos y nísperos. Además de nueces y almendras.

Panales: Si crias abejas, tendrás dulce, dulce miel.

¡NO TE OLVIDES DE LOS ANIMALES! OVEJAS, CABRAS, CERDOS, GALLINAS... ¡HABÍA DE TODO!

 La cosa va de clases

Puede que parezca que todo el mundo en la Antigua Grecia se dedicaba a debatir, filosofar y hacer leyes. Pero, en realidad, eso era un **lujo** que muy pocos se podían permitir. Había muchísimas personas que **NO TENÍAN MÁS REMEDIO** que trabajar… en cosas más desagradables. ¡Y es que tu vida dependía mucho de tu **clase social**! Como sabes, las cosas cambiaban de una polis a otra, pero en general existían cinco clases sociales. ¿A cuál perteneces tú?

Ciudadanos: Eran hombres libres nacidos de otros ciudadanos (es decir, si tus padres tienen la ciudadanía, estás de suerte: tú también). Los ciudadanos podían votar, ocupar cargos públicos y ser dueños de propiedades. No obstante, su vida dependía de su estatus económico: no era lo mismo ser un aristócrata con tierras (*aristoi*), un artesano de clase media o un granjero pobre (*perioikoi*).

Ciudadanas: A pesar de formar parte de la misma clase social que los ciudadanos varones, las ciudadanas no tenían derechos políticos ni podían participar en la vida pública. En este sentido, Esparta era una gran excepción: las espartanas podían poseer tierras, recibir educación física e incluso participar en asambleas ciudadanas.

Metecos: Extranjeros que vivían en la polis. Eran hombres y mujeres libres, pero no ciudadanos: esto significa que podían trabajar (como artesanos o comerciantes), pero no podían votar ni poseer tierras. ¡En algunas polis tenían que pagar un impuesto especial!

Obreros semilibres: Existían personas que trabajaban para un amo, pero no eran de su propiedad, sino que estaban ligados a la tierra o al negocio de este amo. O sea que libres no eran, pero tampoco podían ser comprados ni vendidos. El caso más famoso ya lo conoces: el de los ilotas de Esparta. Sufrían malos tratos y grandes desprecios, aunque, si destacaban en la guerra, los hombres podían ganarse el estatus de ciudadano.

Esclavos: Eran generalmente prisioneros de guerra y los obligaban a trabajar en el hogar, el campo, las minas, talleres de artesanía... No tenían derechos y sus amos podían comprarlos y venderlos a su antojo. ¡Como si fueran objetos! A menudo, el Estado también compraba esclavos y los destinaba al ejército, a la marina o a obras públicas. Sin embargo, los esclavos podían aspirar a comprar su libertad, ser liberados por unos dueños bondadosos o ser premiados por un buen servicio al Estado.

Grecia en femenino

Como imaginarás, las mujeres no tenían muchas opciones en la Antigua Grecia. **SIN DERECHO A VOTAR O A POSEER NADA**, la idea general es que estaban obligadas a casarse y centrarse en la familia. ¡Pero la cosa era mucho más **diversa**!

Para empezar, las **esclavas** no tenían ni hogar ni familia: para ellas, no quedaba más que **TRABAJAR**, ya fuera en el campo o en una casa rica.

En cuanto a las mujeres **libres**, la situación dependía. Si eras **POBRE**, a la porra tus deberes de ama de casa: hace falta alimentar a tu familia, así que te toca trabajar en el mercado.

En cambio, si gozas de cierto estatus económico, entonces sí: tu vida debe **LIMI-TARSE AL HOGAR**. Y olvídate de ir por ahí con gente que no es de tu familia; para mantener tu **reputación**, ¡solo podrás salir a la calle acompañada de una criada!

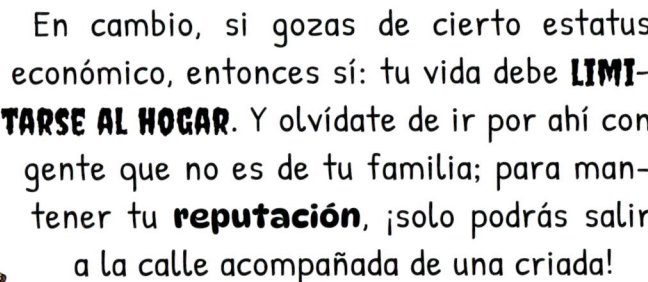

No DEL TODO. ¡MIRA!

ENTONCES... ¿O ME DESLOMO TRABAJANDO O ME QUEDO ENCERRADA EN CASA?

Había una clase de eventos públicos en los que las mujeres sí podían participar: las **celebraciones cívico-religiosas**. Y es que a menudo ¡tenían un papel predominante! Además, también existían las **sacerdotisas**, que dedicaban su vida al culto de los dioses, y las **pitonisas**, encargadas de transmitir los mensajes divinos. ¡Acuérdate de la Pitia del oráculo de Delfos!

SI ESO NO TE VALE, VENTE A ESPARTA: ¡NOS EDUCAN MÁS, NOS ENSEÑAN A LUCHAR Y ADEMÁS PUEDES SER DUEÑA DE TU PROPIA CASA!

PERO ¡TRANQUI! EN TODAS PARTES HUBO MUJERES QUE DESAFIARON LAS NORMAS SOCIALES. ¡FÍJATE!

Hidna de Escione (s. V a.C.): Esta nadadora excepcional fue ¡una heroína de guerra! Junto con su padre, saboteó a los persas: ¡se echaban a nadar y cortaban las amarras a los barcos cuando había tormenta para que se hundiesen!

Aspasia de Mileto (s. V a.C.): Aspasia, de exquisita educación, fue muy importante en Atenas. Como había nacido en Mileto, era una meteca, lo que limitaba sus derechos. Pero eso no impidió que participara en la vida pública e influyera en muchos pensadores, viviendo con más libertad que muchas mujeres. ¡Incluso fue la pareja de Pericles!

Hagnódica de Atenas (s. IV a.C.): La primera ginecóloga de la historia. Se disfrazó de hombre para poder estudiar y trabajar como médico. Y, aunque la pillaron, se libró del castigo gracias a los testimonios de sus pacientes.

 Sí, quiero

¿Afrodita te ha hechizado y te has enamorado? Pues tal vez casarte no sea lo más... **romántico**. En la Antigua Grecia, el matrimonio solo era válido entre ciudadanos y normalmente **SE PACTABA** entre el pretendiente y el padre de la chica.

¿Y A MÍ NI ME PREGUNTAN? ¡¿PERO DE QUÉ VAN?!

Y es que casarse servía única y exclusivamente para una cosa: **dar hijos a la familia**. Se hacía una boda siguiendo una serie de rituales y luego se realizaba un gran banquete para celebrar la unión. A partir de ese momento, la mujer **PERTENECÍA** al nuevo hogar que había formado con su marido y se convertía en la responsable del *oikos*.

Si la polis era cosa de hombres, el *oikos*, la casa, era cosa de mujeres. La misión de las **esposas y madres** no solo consistía en cuidar del hogar y de sus hijos; también debía realizar rituales religiosos, transmitir la historia familiar y velar por las costumbres. ¡Su mayor orgullo era ser guardianas de la **TRADICIÓN FAMILIAR**!

¿Y qué pasaba si los esposos no se llevaban bien? Bueno, los matrimonios podían **ROMPERSE**, pero había que demostrar que uno de los cónyuges estaba incumpliendo su función: tal vez no daba hijos o maltrataba al otro. ¡Pero solo un cargo importante, como los arcontes, podía romper la unión!

Una nueva vida

Cuando un **bebé** llegaba al mundo, las **madres** se encargaban de su cuidado, con la ayuda de las **nodrizas**. Los padres, ocupados en la vida pública, rara vez participaban.

Los bebés pasaban sus primeros meses entre cuentos, canciones de cuna y juegos. De hecho, los mismísimos Platón y Aristóteles subrayaban **la importancia del juego** en la infancia.

> ¡NIÑA, DEJA DE JUGAR Y VEN A PONER LA MESA!

> ¡QUE NO, MAMÁ, QUE DICE ARISTÓTELES QUE ESTO ES MUY IMPORTANTE PARA MI DESARROLLO!

Por lo demás, la familia celebraba un montón de **RITUALES** para que los pequeños aprendieran de su **cultura** desde una edad temprana... ¡aunque la **EDUCACIÓN** de verdad estaba por llegar!

DESCUBRE LOS JUGUETES HELENOS EN LA PÁGINA 100.

La educación ateniense

La educación ateniense estaba en manos de los padres, que buscaban tutores **excelentes** para sus hijos. Se esperaba que fuesen buenos ciudadanos, que continuaran con el linaje familiar y que sirvieran al Estado. ¡Eran el futuro!

Objetivo: Preparar a los niños para que participaran activamente en la polis, ya fuera como políticos, legisladores, soldados... ¡Atenas necesitaba ciudadanos bien formados!

Método: La educación comenzaba alrededor de los 7 años y se prolongaba hasta los 18. Los niños aprendían gramática, matemáticas, música, filosofía, oratoria y deportes. Después, los jóvenes realizaban el *efebato*: un entrenamiento militar de dos años que marcaba su transición a la vida adulta.

Chicos

Objetivo: Preparar a las niñas para ser buenas esposas, madres y encargadas del hogar.

Método: El aprendizaje se limitaba al ámbito doméstico, donde sus madres y las demás mujeres de la familia les enseñaban las habilidades necesarias para la vida en el *oikos*: la administración del hogar, la cocina, el tejido, la costura, el cuidado de los niños y otras labores. No recibían una formación intelectual a menos que fuesen hijas de aristócratas.

Chicas

La educación espartana

La educación en Esparta estaba en manos del Estado. Tanto chicos como chicas recibían una **educación básica** en la que se les enseñaba a leer y escribir, y ciencias básicas. Pero el propósito era claro: ¡Esparta quería soldados!

Objetivo: Formar soldados fuertes, obedientes y disciplinados, dedicados a la defensa y gloria del Estado.

Método: La educación comenzaba a los 7 años, sometiéndolos a una prueba brutal: los niños debían apañárselas para sobrevivir sin ayuda fuera de la ciudad. Si sobrevivían, empezaban una instrucción militar que duraba hasta que cumplían 20 años, en la que aprendían a usar armas y tácticas de guerra.

Chicos

Objetivo: Dar a luz grandes guerreros era el mayor orgullo de una espartana. Y, ¿qué mejor que estar sana para ello? Además, Esparta también quería que sus mujeres estuvieran preparadas para empuñar las armas si la cosa se ponía fea.

Método: Las niñas espartanas recibían una educación física similar a la de los niños, ya que solían practicar deportes al aire libre todos juntos. No obstante, ellas se libraban de la brutal prueba inicial de sus compañeros varones, y también aprendían labores del hogar para su futuro papel de esposas y madres.

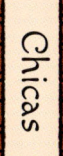

Chicas

🔲 A ganarse el pan 🔲

¿Que no te ha tocado ser un ciudadano con tierras o un gran negocio? Pues ya sabes: **¡A TRABAJAR!** Aunque claro, todo dependerá del ámbito al que te dediques. Había oficios que estaban **MUY MAL VISTOS**, e incluso los más pobres se los dejaban a los esclavos o a los metecos. ¡Pero había **mucho que hacer** en la Antigua Grecia!

Servicio público: Para que la polis funcionase como un reloj, había un montón de gente trabajando: escribas que redactaban documentos, legisladores, jueces, recaudadores de impuestos… ¡Administrar una ciudad-Estado no era una tontería! Pero, por suerte, este trabajo tenía mucho prestigio.

Educación: El trabajo ideal para muchos filósofos. Ya sabes que los profesores eran MUY necesarios, sobre todo en Atenas. ¡Había que educar a los chavales!

Artes: Actores, músicos, poetas, bailarines… Todos estos profesionales eran muy importantes para las fiestas y festivales religiosos que se hacían en la época.

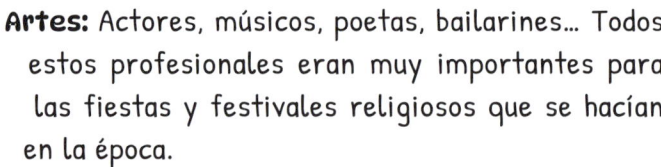

Agricultura y ganadería: Era la parte más importante de la economía, ya que todo el mundo come. Se plantaba trigo y cebada, y se cultivaban uvas para el vino y olivos para el aceite. Además, se criaban animales como cabras, ovejas, vacas y bueyes para obtener cosas como carne y lana. Parece importante, ¿no? ¡Pues esto sí que no tenía prestigio! De hecho, las tierras las trabajaban sus propietarios y muchos, muchos esclavos.

Construcción: ¿Te acuerdas de todos los grandes monumentos que se levantaron, por ejemplo, en el siglo de Pericles? Pues alguien tenía que diseñarlos y construirlos. O sea, que se necesitaban canteros, carpinteros, escultores, pintores, arquitectos...

Artesanía: Una sociedad compleja necesita de todo: desde ropa y utensilios de cocina, hasta carros y barcos. Por ello, la Hélade estaba llena de carpinteros, pintores, alfareros, herreros, carpinteros de ribera (los que construían barcos), tejedores, zapateros, fabricantes de armas y armaduras, teñidores de telas...

OYE, ¿Y SI ME HE PASADO HACIENDO VASIJAS? ¿QUÉ HAGO CON LAS QUE ME SOBRAN?

¡HABLA CON UN AMIGO DE LA PÁGINA SIGUIENTE!

Los primeros comerciantes

El **COMERCIO** era una buena manera de **sacar provecho** a los productos que te sobraban. ¿No sabes qué hacer con toda la lana que te han dado las ovejas? ¿Te han crecido más lechugas de las que podrías comer? ¡Pues al mercado!

Los granjeros y artesanos solían pagar un **IMPUESTO** para poder colocar su puesto en el ágora; ya sabes, el corazón de la ciudad. Allí vendían frutas y verduras, miel, pan o queso, además de cerámica, adornos, utensilios de metal, ropa y zapatos. Durante unas horas, se convertían en **pequeños vendedores**.

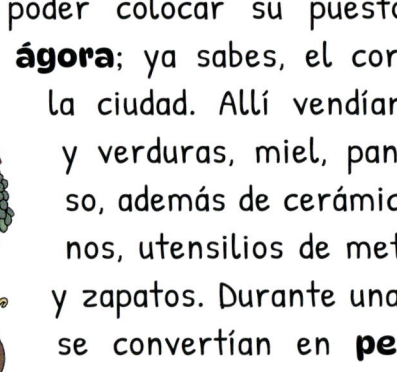

Pero los verdaderos comerciantes eran los que dedicaban su **VIDA** a ello. Conocidos como *emporoi*, estos mercaderes viajaban de una polis a otra (o incluso al extranjero) vendiendo y comprando de todo: cerámica, perfumes, miel, quesos, armas y herramientas...

Peligro: ¡Que no te timen!
ALGUNOS COMERCIANTES JUEGAN CON LOS PRECIOS PARA SACARTE PASTA. ¡NO SEAS INOCENTE!

UN MOMENTO, ¿PASTA? ENTONCES, ¿HABÍA DINERO EN LA ANTIGUA GRECIA?

◻ La moneda

El dinero no llegó a la Hélade hasta el siglo VII a. C.; antes de eso, para comerciar, hacían **trueques**: si alguien tenía algo que otro quería, se lo intercambiaban y listo. A veces usaban **LINGOTES DE METAL** como símbolo del valor de algo, ¡pero imagínate lo incómodo que era llevarlos de un lado a otro!

Con el tiempo, empezaron a usar monedas como el **ÓBOLO** y el **DRACMA**. Al principio eran solo barras de hierro, pero pronto les dieron la forma de **moneda** que conocemos hoy. Además, cada polis los diseñaba con sus propios **símbolos**.

> ¡1 DRACMA EQUIVALÍA A 6 ÓBOLOS!

Pero, claro, cuando los negocios se hacían entre una polis y otra, la cosa se **COMPLICABA**. Como cada ciudad tenía **su propia moneda**, ¡nadie tenía muy claro cuántos dracmas atenienses valía un dracma de Corinto y viceversa! Por eso, durante la guerra del Peloponeso, Atenas **OBLIGÓ** a las demás ciudades a usar su moneda.

Las monedas solían ser de **plata**, aunque también las hubo de bronce y de oro; por ejemplo, las que hacían los persas, llamadas **«daríos»**, que se usaban en las polis jónicas para los negocios con el Imperio aqueménida.

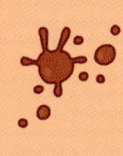

Un imperio del comercio

Como sabes, el comercio no solo se quedó dentro de la Hélade. De hecho, los *emporoi* fueron clave para **conectar** a los griegos con **OTRAS CULTURAS**, lo que a su vez influyó en el desarrollo de su propia sociedad. ¡No olvides que fue así como les copiaron el alfabeto a los fenicios!

A partir del siglo VIII a. C., a medida que exploraban nuevas tierras, los helenos empezaron a comerciar con **REGIONES MUY LEJANAS**, como Egipto, Asia Menor o incluso la península ibérica. Allí vendían productos **típicos de Grecia**, como vino, aceite de oliva y cerámica, lo que era otra forma de extender su cultura más allá de sus fronteras. A cambio, los *emporoi* traían a la Hélade **mercancías valiosas** como madera, adornos de oro, telas o marfil, además de especias difíciles de conseguir o el preciado papiro de Egipto, que se usaba para escribir. ¡Todo un lujo!

   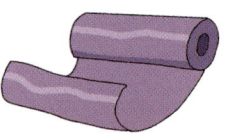 

Peligro: ¡Piratas!

LOS COMERCIANTES SIEMPRE LLEVABAN COSAS MUY VALIOSAS EN SUS BARCOS. ASÍ QUE, SI VIAJAS EN UNO, ¡CUIDADO CON LOS PIRATAS!

Al principio, los griegos no veían el comercio como algo **DIGNO** de las clases
altas, ¡pero fue un exitazo! Tanto que
construyeron **barcos espe-
cializados** para transportar
las mercancías y una buena **FLOTA
DE GUERRA** para protegerlos de los asaltos de los piratas.

Además, también se crearon lugares de comercio llamados
emporia, donde mercaderes de diferentes culturas se reunían para hacer negocios. Entre los *emporia* más importantes están el puerto de Al Mina en Turquía, Naucratis en
Egipto y El Pireo en Atenas, que llegó a ser uno de los más
grandes y conocidos del Mediterráneo.

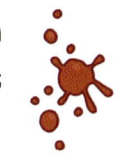

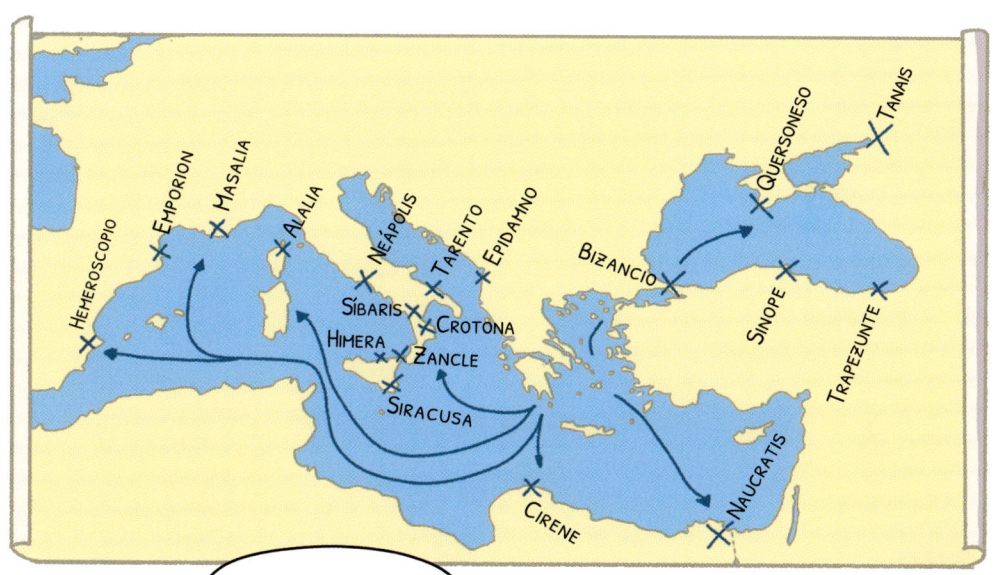

OYE, ¿MI PEDIDO
TARDARÁ 24 O 48
HORAS?

ME TEMO QUE
ESTO ERA ALGO
MÁS LENTO.

🔲 ¿Hogar, dulce hogar? 🔲

Como ya sabes, los ciudadanos (los varones, claro) dedicaban su tiempo a **actividades públicas**, como el trabajo, los negocios y la política, y apenas paraban en casa. Acuérdate: la polis era su prioridad. Por eso, no es de extrañar que solo el lujo de los espacios públicos se considerara motivo de orgullo, mientras que, en el hogar, se prefería una vida **SENCILLA**.

¡PERO SI YO ME PASO EL DÍA AQUÍ, EGOÍSTA!

PASO DE LIMPIAR, ME VOY A LA CALLE.

Las viviendas helenas eran **MUY MODESTAS**: cimientos de piedra, adobe secado al sol para las paredes, tejas para el techo y suelos de tierra o argamasa.

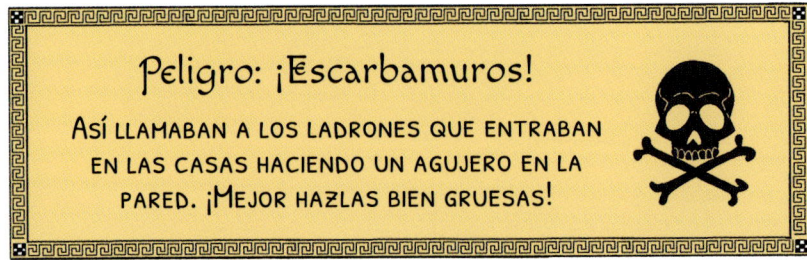

Peligro: ¡Escarbamuros!

ASÍ LLAMABAN A LOS LADRONES QUE ENTRABAN EN LAS CASAS HACIENDO UN AGUJERO EN LA PARED. ¡MEJOR HAZLAS BIEN GRUESAS!

El mobiliario era **elegante** pero simple, hecho de madera de ciprés y olivo, y había **POCOS** objetos **decorativos**: como mucho, jarrones y botellas de perfume. Ahora bien, en las casas **más ricas** podías encontrar sofás tapizados de colores vivos, sillas como la *klismós* y mesas de tres patas.

El **andrón** o comedor era la estancia más decorada y se utilizaba para los banquetes o simposios, reuniones donde los hombres bebían y socializaban. Por otro lado, estaba el **gineceo**, la sala donde las mujeres de la casa pasaban la mayor parte del día.

Patio porticado

Dormitorio

Cocina

Baño

Pozo

Gineceo

Andrón

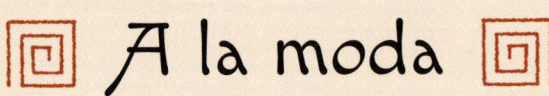 A la moda

¿Sabes qué te vas a poner? ¡Espabila, que hay que ir a la moda! El estilo griego que conocemos por las pinturas y las esculturas se estableció a finales de la Época Arcaica y principios de la Clásica, y tiene una característica muy curiosa: **PRÁCTICAMENTE NADA ESTABA COSIDO**. Tanto mujeres como hombres se ponían diversas piezas de tela que, una encima de otra, formaban un **conjunto**. Solían ser de lana y lino, y los más caros tenían patrones y decoraciones.

Velo: Cuando las mujeres ricas salían a la calle, se solían poner un velo.

Ropa interior: Tanto hombres como mujeres llevaban una especie de taparrabo.

Peplo: Este cilindro de tela era una prenda muy popular entre las mujeres.

Fíbulas: Se usaban para ceñirse los extremos de las capas y otras prendas.

Quitón: La prenda estrella, que cambiaba de longitud dependiendo de si era para hombres, mujeres o niños. Se ajustaba a la cintura con un cinturón de tela o cuero.

LA ESPARTANAS LLEVABAN EL QUITÓN MÁS CORTO.

Clámide: Una capa ligera que se usaba para montar a caballo y entre los soldados.

Himatión: Esta prenda rectangular se ponía enrollada alrededor del cuerpo, sin nada debajo.

Sandalias: Eran las reinas del calzado. Solían ser de cuero y las había de colores distintos, con adornos de todo tipo.

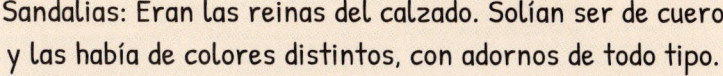

Higiene y cuidado personal

Para los antiguos griegos la **higiene** era muy importante; no solo porque todos los **MÉDICOS** de la época la recomendaran, sino porque les gustaba estar limpios.

Ya en el siglo v a. C. había en Atenas **baños públicos**, donde los atletas se aseaban después del ejercicio. Además, los baños eran también un lugar donde **SOCIALIZAR** y, por un módico precio, podías meterte en una piscina de agua caliente y relajarte. ¡Pero recuerda! Hombres y mujeres por separado.

Sin embargo, lo más común era **bañarse en casa**, sobre todo al final del día. Los helenos solían calentar agua al fuego, para después meterte en una **tina de cerámica** grande y echarse el agua por encima con un pequeño cántaro. ¡Era la ducha de la Antigüedad! Aunque los más ricos se hacían construir **GRANDES BAÑERAS**, con bloques de piedra labrados para darles forma. Para el aseo diario de pies, manos y cara, en cambio, se empleaban **palanganas**.

¿AGUA CALIENTE? ESO ES DE DEBILUCHOS... ¡LOS ESPARTANOS NOS BAÑAMOS CON AGUA FRÍA!

¡ME CONGELO!

En cuanto al **jabón**, olvídate: **¡AÚN NO EXISTÍA!** Los atletas se lavaban con una mezcla de aceite y arena muy fina, que luego se retiraban del cuerpo con una especie de cuchilla llamada **ESTRIGILO**. También podías frotarte con **SOSA CÁUSTICA**, una sustancia que se fabricaba con cenizas de madera, o con **arcillas**, que eran suaves y limpiaban bien la piel.

¡LA SOSA CÁUSTICA TAMBIÉN SE USABA COMO DETERGENTE PARA LA ROPA!

¿QUÉ? ENTONCES YO MEJOR ME LIMPIO CON EL ESTRIGILO...

¡Qué pelos!

Las niñas y las mujeres llevaban el pelo **recogido** con pinzas o cintas. ¡Y no solo eso! También se lo **teñían**, sobre todo de rubio, y se hacían **PELUCAS**. Los niños también llevaban el pelo **largo**, pero no se lo recogían. Y a los hombres adultos les gustaba ir con el pelo corto y **BARBA**. De hecho, se la solían arreglar en el barbero. No fue hasta la época de Alejandro cuando se puso de moda **afeitarse** completamente la cara.

¿Y ESA GENTE POR QUÉ LLEVA EL PELO ASÍ, PAPÁ?

SON ESPARTANOS, CARIÑO; SIEMPRE LLEVANDO LA CONTRARIA.

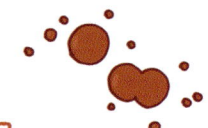

⊡ ¡Qué hambre! ⊡

La dieta de los griegos antiguos **variaba** según la región: por ejemplo, los atenienses tomaban mucho pescado por estar cerca del mar; los beocios, al vivir en una tierra más fértil, tenían una alimentación muy completa, y los espartanos eran famosos por comer una sopa un poco arquerosilla pero nutritiva llamada «CALDO NEGRO».

> SE HACE CON CARNE DE CERDO, SANGRE, VINAGRE Y SAL. ¡MMMMM!

Pero todos tenían una cosa en común: la base de su dieta eran los **cereales**. Los helenos elaboraban tortas de cebada, conocidas como «maza», y pan de trigo, que solían reservar para ocasiones especiales. A menudo usaban el pan como plato, y le añadían queso, verduras, aceitunas, carne, pescado y frutas. Estos acompañamientos se conocían como *opson*. Y, de postre, higos, nueces, uvas o dulces hechos con miel.

Banquetes

Igual que ahora, las ocasiones especiales se celebraban con grandes banquetes. Pero, en la Antigua Grecia, era cosa de hombres: las únicas mujeres permitidas eran las sirvientas y las artistas que bailaban o tocaban música. ¡Menudo morro!

¡Pero no era tan fácil conseguir el *opson*! Las **verduras** eran **ESCASAS Y CARAS**, por lo que los más pobres se limitaban a habas y lentejas. La **carne**, excepto la de cerdo, era un **LUJO** ocasional en la ciudad, y se reservaba para sacrificios y festividades. En el campo, en cambio, era más habitual comer carne, ya que los ganaderos tenían animales y, además, podían atrapar unos conejos o algún ave si les apetecía. A falta de carne, la **pesca** era muy importante, y de los lagos se sacaban unas anguilas que a los atenienses les gustaban mucho. En su menú había moluscos, anchoas y sardinas. ¡Muchas ciudades costeras vivían de exportar pescado ahumado o en salazón!

> ERETRIA SE HIZO FAMOSA POR SU PULPO, TANTO QUE ¡LO UTILIZARON COMO SÍMBOLO PARA SUS MONEDAS!

¿Tienes sed?

Además de agua y leche de cabra, los griegos bebían vino, que era muy apreciado y abundante gracias a los viñedos que crecían en la Hélade. También existía una bebida muy popular entre los campesinos llamada *kykeón*, que era una mezcla de sémola de cebada y agua.

 # A jugar

¿Te atreves a jugar en la Antigua Grecia? Tranqui, muchos de sus juegos **te sonarán**: el pillapilla, carreras llevando a un compañero a la espalda, la rayuela... y la pídola, ese juego en el que hay que saltar por encima de tu compañero como si fuese un potro. Los dominas, ¿verdad?

En cuanto a los **juguetes**, había un mundo donde elegir: peonzas, canicas, yoyós, pelotas... Pero los más populares eran los carritos, las figuritas de animales (que se podían arrastrar tirando de una cuerda) y las muñecas de barro articuladas (¡que se podían vestir con ropa de verdad!).

> ALGUNOS NIÑOS JUGABAN CON ANIMALES, ¡Y CONVERTÍAN SUS CASAS EN ZOOS!

Tanto niños como adultos se entretenían con **JUEGOS DE AZAR**: estaban los **dados**, tratando de conseguir la mejor tirada con la suma de tres dados, o las **tabas**, que consistía en lanzar huesos de oveja y ver si caían bocarriba o bocabajo. ¡Más adelante fueron los favoritos de los romanos!

Existían también los **juegos de mesa**. Uno de ellos era la *petteía*, parecida a las damas, tan antigua que se conservan obras de arte que muestran a **AQUILES**, el protagonista de la *Ilíada*, echando una partida. ¡Era el juego de los héroes!

La hora de los atletas

¿Te va más el **ejercicio**? Pues la Antigua Grecia es un buen destino para ti. Y es que el ejercicio era **SAGRADO**, ya que fortalecía no solo el cuerpo, sino también el espíritu. Por eso, los helenos practicaban **deporte** desde muy jóvenes: correr, saltar, lanzar la jabalina, montar a caballo...

VALE, PERO ¿DÓNDE ENTRENO?

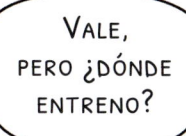

Gimnasio: Era un lugar amplio donde se realizaban ejercicios físicos que requerían espacio y equipos de entrenamiento, como el levantamiento de peso para fortalecer los músculos.

Palestra: En este espacio cerrado se practicaban deportes como la lucha, el pugilato (antepasado del boxeo) y el pancracio (una mezcla de lucha y boxeo). ¡Allí se daban las tortas! Eso sí, deportivamente.

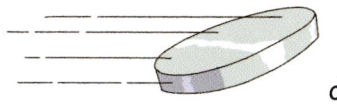

Estadio: Perfecto para deportes al aire libre, como las carreras o el lanzamiento de disco o jabalina.

EL ESTADIO TAMBIÉN ERA EL ESCENARIO DE LAS COMPETICIONES, ESPECIALMENTE EN EVENTOS COMO LOS JUEGOS OLÍMPICOS. ¡MIRA!

¡Que empiecen los Juegos!

Los **Juegos Olímpicos** u Olimpiadas eran el evento deportivo, cultural y religioso **MÁS IMPORTANTE** de la Antigua Grecia. **Religioso** también, sí, porque honraban a Zeus; de hecho, siempre se celebraba una procesión y una **HECATOMBE**: el sacrificio de nada más y nada menos que cien bueyes.

Los primeros Juegos tuvieron lugar en Olimpia en el año 776 a. C., y continuaron celebrándose **cada cuatro años** hasta el 393 d. C.: ¡fueron más de 1000 años! Eran tan importantes que hasta se hacían **TREGUAS SAGRADAS** para que competidores y espectadores pudieran asistir. ¡La guerra paraba durante las Olimpiadas!

Los atletas, venidos de toda Grecia, participaban **desnudos** para demostrar que eran **HOMBRES**, ya que las mujeres adultas no podían ni competir ni asistir como público. ¡Pero eso no detuvo a las más deportistas! Así, en el 580 a. C. surgieron los **Juegos Hereos**, dedicados a la diosa Hera, que también se realizaban cada cuatro años en Olimpia y reunían a las mejores atletas de la Hélade.

¿Y SI QUIERO SER ENTRENADORA DE UN ATLETA VARÓN?

EN TEORÍA NO PUEDES... PERO MIRA A CALIPATIRA: SE DISFRAZÓ DE HOMBRE PARA PODER ENTRENAR A SU HIJO, ¡QUE FUE CAMPEÓN!

Carreras

- Carrera de velocidad.
- Diaulo: Carrera de ida y vuelta.
- Dólico: Carrera de larga distancia.
- Hoplitódromo: Carrera con casco, escudo y, en origen, grebas.
- Salto de longitud.

Lanzamientos

- Disco.
- Jabalina.

> AL PRINCIPIO, EL DISCO ERA DE PIEDRA. ¡LUEGO LO CAMBIARON A BRONCE!

Peleas

- Lucha.
- Pugilato.
- Pancracio.

Hípica

- Carrera de carros: Con cuadrigas (cuatro caballos) o bigas (dos).
- Carrera de caballos: ¡Sin estribos y con látigos!

Pentatlón

Salto de longitud + Carrera + Lanzamiento de disco + Lanzamiento de jabalina + Lucha.

> EN EL PANCRACIO, SOLO PROHIBÍAN MORDER Y METER LOS DEDOS EN LOS OJOS.

El atleta que ganaba **más pruebas** en su categoría se alzaba con la victoria. O sea, que podía haber **5 campeones**. Luego, las polis celebraban a sus vencedores, a veces dándoles grandes sumas de dinero y oportunidades en la clase política. ¡Todo un privilegio!

Krotón
Campeón de las carreras en tres Olimpiadas consecutivas (488-480 a. C.)

Filipo de Macedonia
El mismo. ¡Ganó en las carreras de caballos en tres ocasiones!

Leónidas de Rodas
Vencedor de las carreras en cuatro Olimpiadas consecutivas (164-152 a. C.)

Capítulo IV

Un arte ideal

Buscando la perfección

Ya te habrás dado cuenta de que los antiguos griegos aspiraban a la **PERFECCIÓN**. Estaban a tope con los ideales de **armonía** y **equilibrio**, ya que eran valores fundamentales en su cultura. Acuérdate, si no, del mayor pecado que podían cometer los héroes: la **HYBRIS**, o sea, romper el equilibrio, ¡pasarse de la raya! Para los griegos, la belleza estaba en la **proporción**. Y no hay mejor prueba de ello que su **arte**.

> LOS ARTISTAS BUSCABAN REPRESENTAR LA BELLEZA IDEAL, TANTO EN LA ESCULTURA COMO EN LA ARQUITECTURA.

La escultura

Si piensas en la escultura griega, probablemente te vengan a la cabeza estatuas muy realistas de héroes, dioses y atletas. ¡Pero ojo! Esto fue un proceso de **perfeccionamiento** que duró siglos.

> ADEMÁS, SEGURO QUE TE LAS IMAGINAS BLANCAS. ¡PUES NO! ¡LAS PINTABAN TODAS!

Época Arcaica: Las primeras esculturas griegas estaban muy influidas por el estilo de Egipto y Mesopotamia. Esto se aprecia en sus posturas rígidas y estáticas; a pesar de tener un pie adelantado, no transmiten movimiento. Por no hablar de sus rostros, que suelen tener lo que se conoce como «sonrisa arcaica»; es decir, una sonrisa muy inexpresiva.

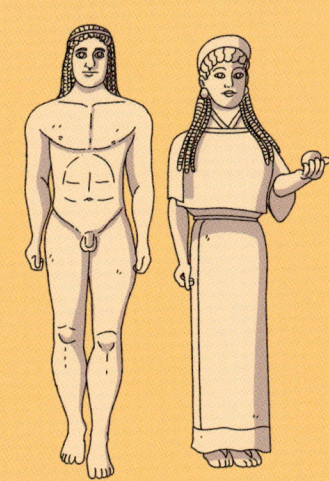

LAS FIGURAS MASCULINAS SE LLAMAN *KOUROI*, Y LAS FEMENINAS, *KORAI*.

Época Clásica: En este periodo, los artistas esculpían figuras mucho más naturales del cuerpo humano. Eran esculturas proporcionadas, basadas en una anatomía realista, e incluso generaban la ilusión de movimiento.

Época Helenística: Las esculturas empezaron a adoptar mayor expresividad y dramatismo. Mostraban emociones intensas y se representaban escenas dinámicas y complejas, con muchísimos detalles.

¡PERO QUÉ EXAGERADO!

Altorrelieves y bajorrelieves

¡No todo eran estatuas sueltas! También se tallaban **relieves** sobre superficies como el mármol; generalmente, para hacer escenas de animales, dioses, soldados y criaturas mitológicas. ¡Así se decoraron, por ejemplo, los frisos del Partenón!

🌀 Técnicas escultóricas

Los antiguos escultores empezaron por moldear **arcilla** o tallar bloques de **piedra arenisca**, que es bastante blanda, pero claro: las esculturas resultantes eran **FRÁGILES**, y ¡se estropeaban con la lluvia! Además, era muy difícil hacerles **DETALLES**. Por eso, los escultores pronto optaron por tres materiales nuevos:

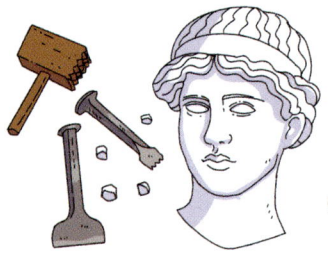

Mármol: Para tallarlo, hay que golpear el bloque con herramientas de hierro, y luego rascar y pulir la superficie. Lo más común era hacer las esculturas por trozos: por un lado, los brazos; por otro, el torso, y luego se unían mediante unos clavos de hierro, como si fuese un maniquí. Después, se les añadían ojos de cristal y piezas de bronce como cascos, armas y armaduras...

Bronce: Para hacer esculturas de bronce, estaba la técnica de la cera perdida. Primero, se tomaba un núcleo con la forma aproximada de la escultura y se cubría de cera, para tallarle los detalles. Después, la figura se cubría de arcilla, dejando un agujero; y, cuando la arcilla se secaba, se vertía bronce líquido por el agujero. La cera se derretía y el bronce tomaba su lugar, ¡con todos sus detalles!

Oro y marfil: Las estatuas que se colocaban dentro de los templos se labraban en oro y marfil, que es un material muy fino (y carísimo). Solían ser enormes y se montaban por piezas alrededor de una estructura.

A LAS ESTATUAS HECHAS DE ORO Y MARFIL SE LAS LLAMA «CRISOELEFANTINAS».

Auriga de Delfos (s. v a.C.)

Este bronce formaba parte de un conjunto más grande, con un carro y varios caballos, pero solo nos ha llegado el auriga, es decir, un conductor.

Guerreros de Riace (s. v a.C.)

Dos de las pocas esculturas de bronce que quedan. Representan a dos atletas con gran detalle y fueron encontradas... ¡en el fondo del mar!

Discóbolo (Mirón, s. v a.C.)

Probablemente una de las más famosas de la historia. Muestra a un atleta preparándose para lanzar un disco y, al igual que otras, nos ha llegado una copia en mármol.

Niké de Samotracia (s. II a.C.)

Esta escultura en mármol representaba una *niké*, diosa de la victoria, apoyada en la proa de una nave de guerra. Se creó para celebrar las victorias militares de Antíoco III el Grande.

¡PERO SI ESTÁN HECHAS POLVO!

ES LO QUE PASA CUANDO SE TIRAN DOS MIL AÑOS ENTERRADAS.

La arquitectura

En la arquitectura griega también hubo una **evolución** importante: muchas cosas cambiaron desde los enormes palacios con

 columnas de la época minoica hasta los grandes monumentos de la época helenística; muchas se convirtieron, literalmente, en **maravillas** del mundo.

Por supuesto, estos artistas también se guiaban por los valores del equilibrio y la proporción. Su refinamiento era tal que definieron tres estilos u **órdenes arquitectónicos**, que servían como modelo o patrón a la hora de diseñar sus edificios estrella: los **templos**. ¡Mira!

Órdenes arquitectónicos

Cada orden arquitectónico tenía sus propias características, y también se diferenciaban por lo que el artista quisiera transmitir. Los templos dóricos, por ejemplo, reflejaban un carácter más austero y solemne, mientras que los jónicos se asociaban con un mayor esplendor. El corintio, debido a su complejidad, fue el menos común y se usó sobre todo en la época helenística.

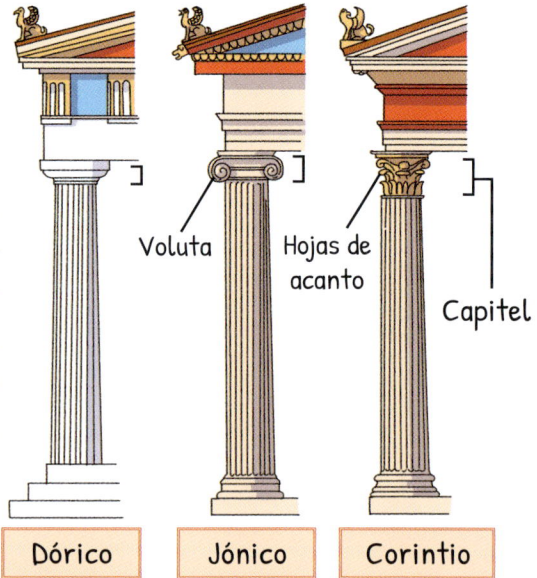

Voluta

Hojas de acanto

Capitel

Dórico   Jónico   Corintio

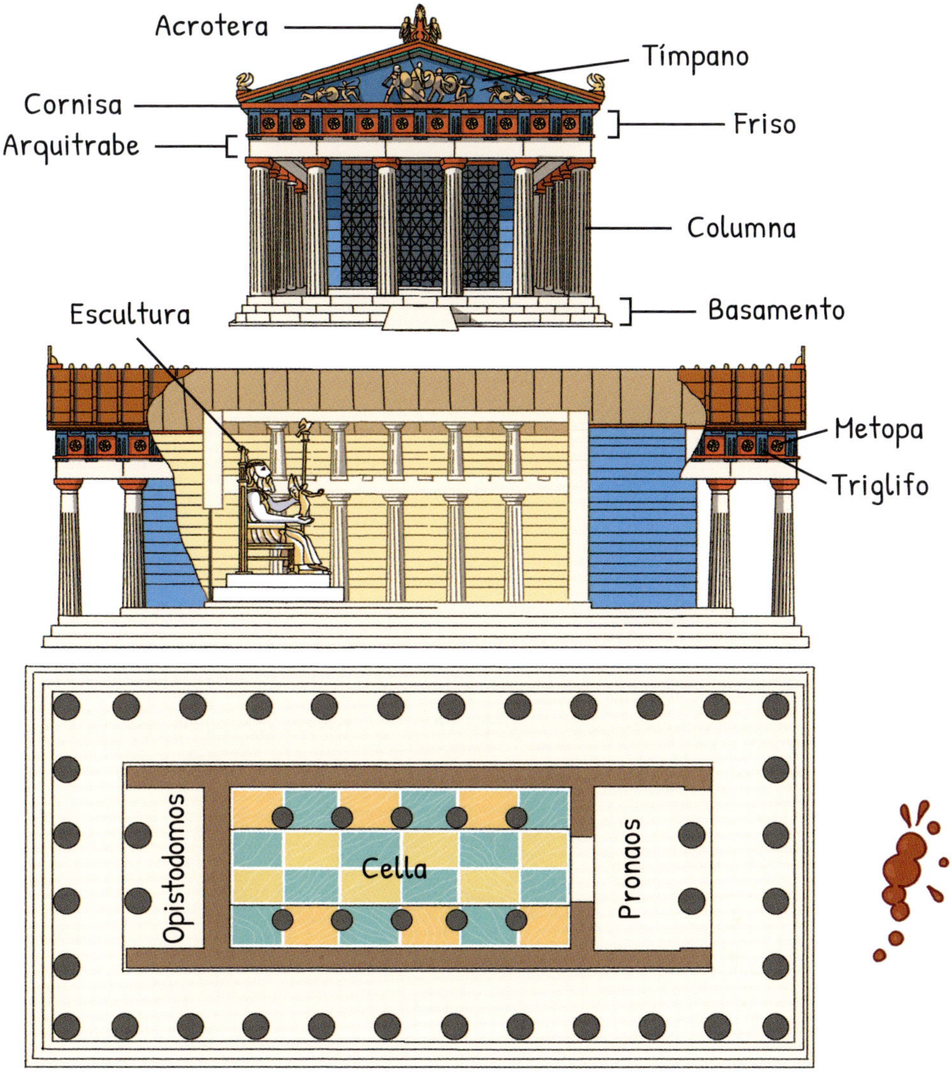

Acrotera

Tímpano

Cornisa

Arquitrabe

Friso

Columna

Basamento

Escultura

Metopa

Triglifo

Opistodomos

Cella

Pronaos

> LOS TEMPLOS ESTABAN HECHOS DE PIEDRA, MADERA Y MÁRMOL, Y ESTABAN DECORADOS CON ESCULTURAS Y RELIEVES. ¡Y TODO PINTADO CON VIVOS COLORES!

> ASÍ SE CONSTRUYERON GRANDES MARAVILLAS... ¡CONÓCELAS EN LA PÁGINA SIGUIENTE!

El Partenón

¿Necesitas un ejemplo para visualizarlo? Pues tenemos el templo perfecto, el edificio más icónico de la Antigua Grecia: el Partenón.

Se construyó entre los años 447 y 432 a. C., en la época clásica, y estaba dedicado a la patrona de la ciudad: Atenea. Pericles y los suyos no escatimaron en gastos y pusieron a trabajar a los mejores: el escultor Fidias dirigió el proyecto, que fue diseñado por los arquitectos Ictinos y Calícrates.

Mide 69,5 metros de largo y 30,9 metros de ancho. ¡Menudo mamotreto!

Está sujeto por 46 columnas dóricas.

Dentro había una estatua crisoelefantina de Atenea, hecha por Fidias. ¡Medía 12 metros de altura!

El friso, obra de Fidias, está decorado con altorrelieves que muestran escenas de la lucha contra los centauros, pasajes de la guerra de Troya o las victorias de los atenienses, entre otros. ¡Y, como siempre, con mucho color!

Templo de Artemisa en Éfeso (s. IV a. C.)

El templo más grande de su época y ejemplo perfecto de estilo jónico. El original era de madera, pero tras su destrucción lo hicieron de piedra.

Mausoleo de Halicarnaso (siglo IV a. C.)

La reina Artemisia II, gobernadora persa, construyó esta gigantesca tumba para su marido, el rey Mausolo. Mezcla elementos griegos y orientales.

Coloso de Rodas (siglo III a. C.)

Una curiosa mezcla de edificio y escultura, ya que esta estatua del dios Helios también actuaba como faro. Medía 33 metros, ¡normal que lo llamaran «coloso» (o sea: «gigante»)!

Faro de Alejandría (siglo III a. C.)

Su misión era guiar a los barcos de noche hasta el puerto. ¡Se cree que medía 130 metros!

Altar de Zeus en Pérgamo (siglo II a. C.)

Este tremendo mamotreto lleno de escalones y columnas es uno de los edificios más bellos de la época helenística. Tiene un montón de frisos con altorrelieves que representan la batalla entre los dioses y los gigantes. ¡Qué épico!

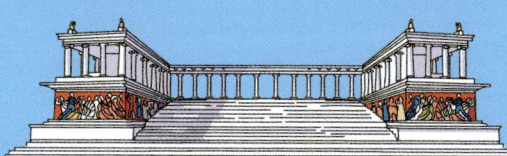

🔲 La pintura 🔲

Las esculturas, el exterior de los templos... Ya te habrás dado cuenta de que a los griegos les gustaba **pintarlo** todo. Pues los interiores no eran una excepción. Tanto en templos como en casas o palacios, se hacían espléndidos **murales** llenos de adornos y color. ¡Y no solo sobre las paredes! También se pintaba sobre madera, piedra o papiro.

¿DE QUÉ COLOR PINTO ESA PARED?

¡DE TODOS!

Los artistas griegos **perfeccionaron** mucho su técnica con el tiempo. Combinaban sus conocimientos de anatomía, necesarios para dibujar cuerpos, y su habilidad para crear paletas de color complejas, que permitían, por ejemplo, hacer sombras que daban volumen a las pinturas. ¡Así lograban que fuesen muy **REALISTAS**!

SÍ, OTRA VEZ YO, ALEJANDRO. ¡ME REPRESENTARON COMO A ZEUS EN UN MURAL!

¡Pero ojo! En la Antigua Grecia, la pintura era una forma no solo de decorar, sino también de **contar historias**, mitos y escenas cotidianas. Aunque, tristemente, no han llegado muchas pinturas originales hasta nuestros días. ¡Imagina **PERDER** todos tus dibujos favoritos!

Lo que sí que nos ha llegado, y mucho, son **jarrones y platos decorados**. ¡Y es que a los helenos les encantaba modelar piezas de cerámica y, después, pintarla! Hay escenas de héroes luchando contra monstruos, dioses haciendo travesuras, atletas practicando deportes... Los artistas usaban dos estilos principales: **figuras negras** sobre fondo rojo y **figuras rojas** sobre fondo negro. ¡Cuánto contraste!

Grandes artistas

Exequias

(550-500 a. C. aprox.)

Alfarero y pintor, es famoso por sus vívidas representaciones en cerámica de figuras y escenas mitológicas, como las de los héroes Aquiles y Áyax.

Mirón

(500-440 a. C. aprox.)

A este escultor ya lo conoces: esculpió el famoso *Discóbolo*, además de otras obras como la vaquilla y el conjunto escultórico de Atenea y Marsias.

Fidias

(490-430 a. C. aprox.)

Como sabes, este escultor dirigió la construcción del Partenón y esculpió sus frisos. Era especialista en estatuas crisoelefantinas gigantes: entre ellas, la de Atenea en el Partenón y la de Zeus en Olimpia. ¡Un currante!

Policleto

(480-420 a. C. aprox.)

Este escultor es famoso por desarrollar la teoría sobre la perfección de las proporciones, algo visible en su conocidísima obra *Doríforo*, que representa el ideal de armonía y equilibrio en la figura humana.

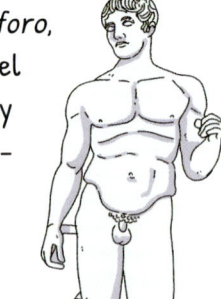

Zeuxis (435-390 a. C. aprox.)

Este pintor es famoso por su increíble realismo. Se dice que sus obras eran tan realistas que, durante una demostración de pintura, ¡unos pájaros intentaron picotear las uvas que había pintado!

Escopas (395-350 a. C.)

Este escultor y arquitecto participó en obras enormes como el mausoleo de Halicarnaso y el templo de Atenea en Tegea. ¡Le gustaba trabajar a lo grande!

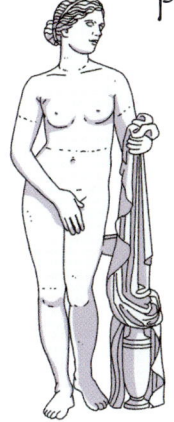

Praxíteles (400-330 a. C. aprox.)

Este escultor es famoso por crear la «curva praxiteliana», una manera de darles más movimiento a las figuras humanas. ¿Quieres verlo? Fíjate en su obra más famosa: *Afrodita de Cnido.*

Apeles (370-300 a. C. aprox.)

Pintor famoso por su destreza técnica y sus retratos de figuras importantes. Se dice que era amigo de Alejandro Magno y este se pasaba por su estudio para verle pintar. Al parecer, le hacía comentarios sobre sus obras... ¡que a Apeles no le hacían ninguna gracia!

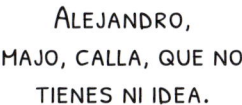

ALEJANDRO, MAJO, CALLA, QUE NO TIENES NI IDEA.

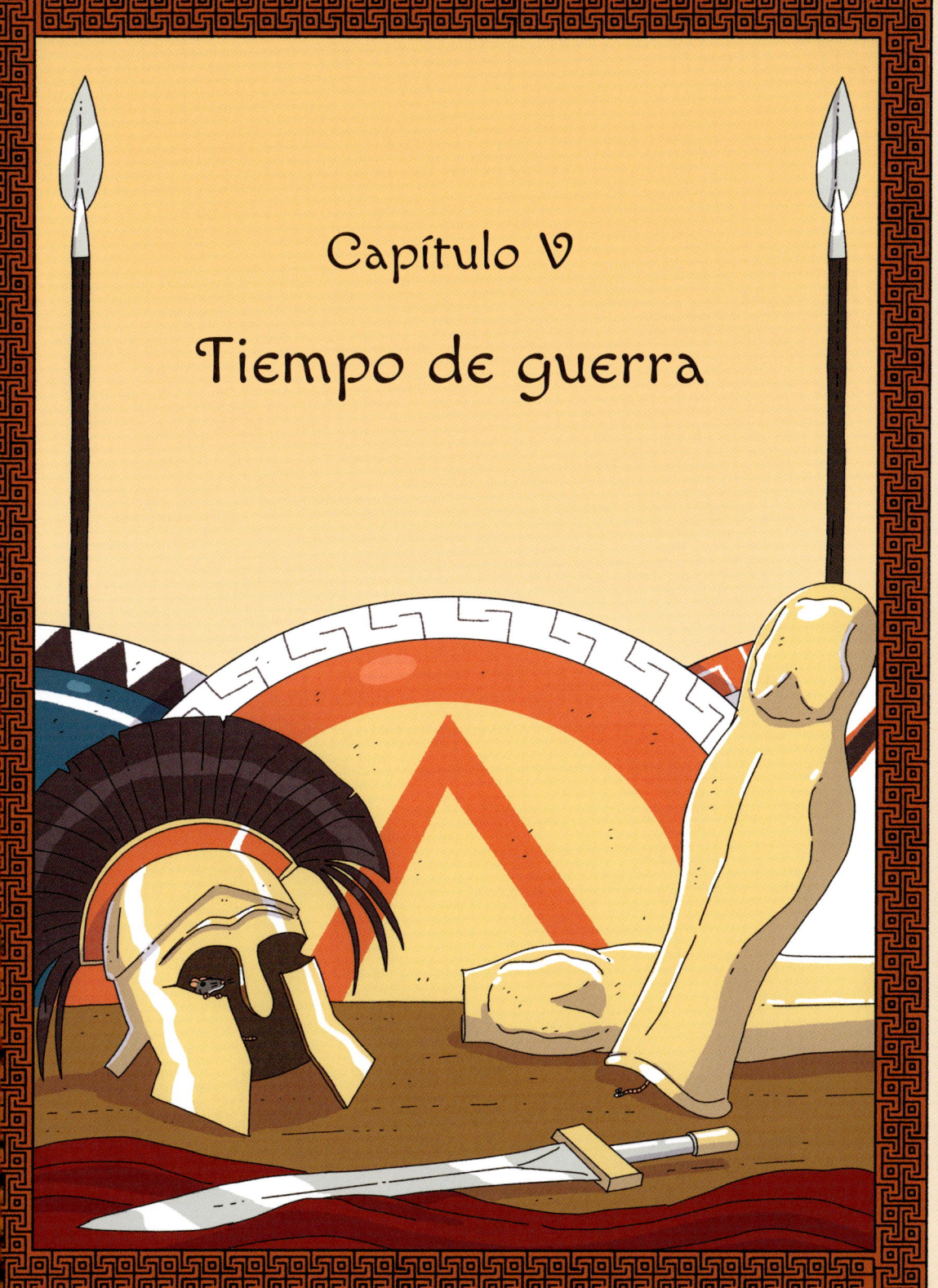

Capítulo V

Tiempo de guerra

▣ Helenos guerreros ▣

Ya te habrás dado cuenta, ¿no? Si no sabes de guerra, **MOR-DERÁS EL POLVO** en la Antigua Grecia. Daba igual que estuvieran embobados con la belleza, la filosofía o el arte... Los atenienses, corintios, tebanos (por no hablar de los espartanos) podían ser gente **MUY PELIGROSA** y se tomaban muy en serio el combate.

> MIRA, ¡QUÉ DURO PAREZCO, JA, JA...! ¡AGH!

Todos los ciudadanos varones aprendían **DESDE JÓVENES** a utilizar las armas (en Esparta, también las mujeres), y debían servir a la polis si esta se lo requería. Pero no solo había soldados ciudadanos: muchas veces, las polis contrataban **MERCENARIOS** de otros lugares para completar sus tropas. ¡Eran soldados de alquiler!

En la Antigua Grecia, las operaciones de guerra eran muy cortas y siempre tenían lugar **en verano**. Los soldados solo llevaban comida para unos tres días y no contaban con más ayuda que un **ESCLAVO**, que cargaba con sus trastos. ¡No había aviones, trenes ni camiones para transportar nada más!

> SI SE NOS ACABABA LA COMIDA, LA ROBÁBAMOS DEL TERRITORIO ENEMIGO.

> ¡SINVERGÜENZA! ¡MIS GALLINAS!

Batalla de Maratón (490 a. C.)

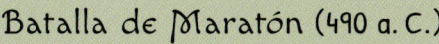

La batalla decisiva de la Primera Guerra Médica. Cuando los persas desembarcaron en Maratón, ¡los griegos los emboscaron! Ante su inminente derrota, los medos optaron por embarcar de nuevo y dirigirse hacia Atenas, suponiendo que la ciudad estaría desprotegida. ¡Y lo estaba! Por suerte, los griegos volvieron a toda prisa y, finalmente, los persas se rindieron.

Batalla de las Termópilas (480 a. C.)

El rey espartano Leónidas y sus 300 hombres, acompañados de otros soldados, resistieron durante días el avance de los persas en el estrecho paso de las Termópilas. ¡Y eso que los medos eran muchísimos más! Finalmente los persas vencieron, pero este retraso permitió a Grecia ganar tiempo.

Batalla de Salamina (480 a. C.)

En esta batalla naval, los griegos destruyeron gran parte de la flota persa. Se dice que el ateniense Temístocles envió un mensaje falso al rey Jerjes, diciendo que los griegos estaban aterrados, para así convencerlo de entrar en el estrecho con toda su flota. ¡Menuda sorpresa se llevó!

Batalla de Platea (479 a. C.)

La última gran batalla de las guerras médicas, en la que los griegos, liderados por Esparta y Atenas, derrotaron al ejército persa. ¡En esta batalla se reunió el ejército griego más grande hasta el momento!

Batalla de Queronea (338 a. C.)

Esta batalla supuso la victoria definitiva de Filipo II de Macedonia sobre Atenas y Tebas. Quedó claro que las tácticas macedonias eran superiores, tanto de infantería como de caballería. ¡El propio Alejandro participó!

¡Protégete!

¿Suenan tambores de guerra? ¡Pues prepárate para convertirte en **HOPLITA**!

Hoplita, que viene de la palabra *hoplón* ('hombre armado'), era el nombre que recibía el **soldado de infantería** en la Antigua Grecia. Este tipo de soldado era la base de todos los ejércitos helenos, y su equipo, la **panoplia**, estaba diseñado para luchar en formación cerrada junto a otros soldados.

> PERO LO MEJOR ES QUE PUEDES PERSONALIZAR TU PANOPLIA. ¡MIRA!

Escudo: Era grande y, normalmente, circular, hecho sobre un armazón de madera forrada de cuero. En el interior, se le enganchaba una pieza por la que pasar el brazo y un agarre para la mano. En el exterior, solía cubrirse el borde (o incluso todo el escudo) con bronce. También contaba con una correa para llevarlo a la espalda durante las marchas, ¡menos mal, con lo que pesaba!

> PUEDES PINTAR TU ESCUDO CON MOTIVOS GEOMÉTRICOS Y EMBLEMAS PERSONALES O DE TU POLIS.

> YO LLEVO LA LETRA LAMBDA, SÍMBOLO DE MI PATRIA: ¡ESPARTA!

Casco: ¡Una pieza fundamental para no morir! Eran tan importantes que evolucionaron con el tiempo, haciéndose más funcionales, de manera que los hoplitas pudieran ver y oír mejor en el campo de batalla.

PUEDES REMATAR TU CASCO CON UNA CIMERA HECHA DE PELO DE CABALLO. ¡MUY ÚTIL PARA IDENTIFICARTE!

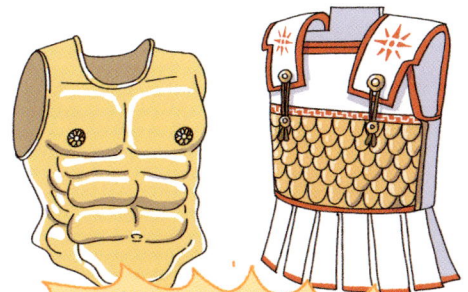

Coraza: Existían dos tipos: corazas de bronce, con forma de torso humano; y las de lino, que consistían en capas y capas de tela pegadas y reforzadas, dando como resultado una coraza dura pero ligera.

¡LA CORAZA TAMBIÉN SE PUEDE DECORAR! SOBRE TODO LA DE LINO. MOTIVOS GEOMÉTRICOS, MONSTRUOS MITOLÓGICOS Y COLORES, ¡TÚ ELIGES!

Grebas: El escudo solo protegía hasta la rodilla, así que muchos hoplitas optaban por ponerse unas grebas de bronce que los protegiesen desde la rodilla hasta el pie. Las grebas también solían adaptarse a la forma de la pierna, ¡incluidos todos sus músculos!

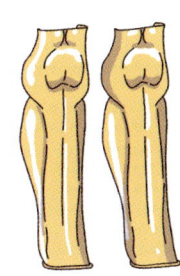

PERO, ESPERA: ¿NO ME FALTA ALGO?

¡CLARO! PASA LA PÁGINA PARA ELEGIR TU ARMA.

¿Cuál será tu arma?

Lanza

El arma principal del hoplita. Consistía en un palo de madera rematado por una moharra (es decir, una punta afilada de hierro). También se ponía otra punta en el otro extremo, para apoyar y de paso equilibrar la lanza. Solía medir unos dos metros, así que venía fenomenal para golpear al enemigo a cierta distancia. ¡El picotazo de este trasto era mortal!

Espada

La espada era un arma secundaria, destinada a la lucha cuerpo a cuerpo, así que era más bien corta. Existían dos modelos: la *xifos*, una espada recta con la punta en forma de hoja; y la *kopis*, una espada curvada, pensada para dar tajos. Mejor no ponerte delante de algo así, ¡puedes perder un brazo!

Arco y flechas

Para atacar a distancia, se usaban arcos de madera y flechas, que los arqueros portaban en un carcaj de cuero. En asedios, batallas navales o campo abierto, las flechas eran una buena opción para debilitar al enemigo antes de cargar con las lanzas.

Honda

Puede que te parezca una nimiedad, pero una piedra lanzada con una honda a mucha velocidad puede ser letal. Estas sencillas armas, hechas de esparto trenzado, se usaban para hostigar al enemigo haciéndoles emboscadas. La táctica era simple: apedrear al enemigo desde un lugar seguro y luego salir corriendo. ¡No te podían pillar ni de broma!

Jabalina

Una lanza corta pensada para ser arrojada. Les venía muy bien a las tropas auxiliares y a la caballería ligera. ¡Lanzar, herir y salir por patas!

Cabalgando a la batalla

Los **caballos** son animales fuertes, listos y rápidos, pero, en la Antigua Grecia, había un problema: el **TERRENO** de la Hélade no invitaba a cabalgar. Solo había una región con tradición de jinetes: **Tesalia**. Tanto es así que se cree que el mito de los **CENTAUROS** (mitad humano, mitad caballo) surgió de los primeros contactos entre los griegos del sur y los tesalios, que eran jinetes tan hábiles que hombre y caballo parecían **UN SOLO SER**.

Mitos aparte, aunque los caballos helenos eran altos y muy aptos para la guerra, poca gente los usaba. En lugares como Atenas, solo los ciudadanos **MÁS RICOS** podían formar parte de la caballería, ya que un caballo es caro ¡y no te lo regalaba el Estado!

Normalmente, las tropas griegas recurrían a la **CABALLERÍA** para explorar, atacar por sorpresa, contrarrestar a la caballería enemiga o escoltar a los soldados mientras marchaban. Los jinetes solían ir armados con jabalinas y una lanza más larga que la de los hoplitas… ¡y ya está! Al principio, ni jinete ni caballo usaban **ARMADURA**, pero sobre el siglo IV a. C. comenzaron a colocarles protecciones a ambos. ¡Eran demasiado **valiosos**!

La caballería macedonia

Sin duda, la **época dorada** de la caballería en la Antigua Grecia fue durante los reinados de Filipo II y Alejandro de Macedonia. Las estrategias militares de Filipo necesitaban muchos jinetes listos para atacar a todo aquel que se pusiese delante y, de hecho, el propio Alejandro comandaba su propia sección. Eran tropas **DE ÉLITE**, reclutadas entre tracios y tesalios, con la misión de deshacer las formaciones de infantería enemigas y alejar a su caballería. Durante la **BATALLA DE GAUGAMELA**, los macedonios machacaron a los persas en campo abierto gracias a la combinación de la infantería y la caballería.

EL CABALLO DE ALEJANDRO SE LLAMABA BUCÉFALO, QUE SIGNIFICA 'CABEZA DE BUEY'. ¡LO ACOMPAÑÓ DURANTE MUCHOS AÑOS!

🔲 A combatir 🔲

¡Estás a punto de entrar **EN COMBATE**! ¿Sabes lo que tienes que hacer? Tranqui, simplemente atiende al oficial que dirige tu escuadra y, sobre todo, las indicaciones de las **trompetas**. ¡Solo ellas se hacen oír por encima del **CAOS** de la batalla!

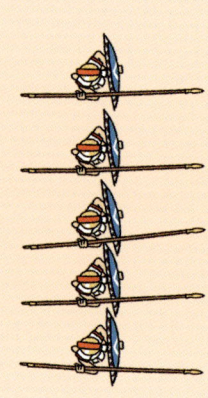

La táctica favorita de los ejércitos griegos era la de la **falange**, llamada así porque, desde arriba, la escena se asemejaba a los dedos de una mano.

El funcionamiento era simple: los soldados se colocaban **muy juntos**, hombro con hombro, protegidos tras sus **enormes escudos**, e iban avanzando con las lanzas preparadas para el **CHOQUE** con el enemigo. ¿El objetivo? **ROMPER** la formación rival a base de lanzazos y golpes de espada.

¡Pero esto no era todo! Mientras eso ocurría, más soldados **HOSTIGABAN** al enemigo desde la distancia, arrojando piedras, flechas y jabalinas; e incluso la **CABALLERÍA** atacaba, para así debilitarlo por los lados y por la espalda. Una vez que el enemigo rompía la formación, era su fin: ¡solo podían **HUIR**!

ENTONCES COMENZABA UNA ESPECIE DE CACERÍA. ¡GLUPS!

Los espartanos seguían una **estructura** muy clara: los hoplitas se dividían en ***enomotias***, grupos formados por tres filas, cada una de doce soldados. Estas *enomotias* se agrupaban en formaciones llamadas ***pentekostys***; y doce *pentekostys* formaban una **mora**. En total, el ejército espartano solía estar formado por **seis morai**.

La falange macedonia

La falange griega fue prácticamente invencible... ¡hasta que llegó la **falange macedonia**! Filipo II de Macedonia renovó la táctica helena: dotó a la infantería de **LANZAS MÁS LARGAS** y creó formaciones muchísimo más grandes, llamadas ***speria***: 16 filas, cada una de 16 hombres. O sea, **256 tíos**. ¡Una bestialidad!

LAS NUEVAS LANZAS, LLAMADAS *SARISAS*, MEDÍAN ENTRE 5 Y 7 METROS.

La primera hilera de la falange macedonia avanzaba con las *sarisas* **al frente**, mientras que los demás las llevaban **en alto**, para desviar así los **PROYECTILES** que les lanzaban. Mientras, la caballería **ARRINCONABA** al enemigo hacia la falange para que se quedase sin sitio para maniobrar y, básicamente, se fuesen sin remedio contra las *sarisas*. ¡Esta estrategia dio a Filipo y a su hijo Alejandro grandes victorias!

🔲 Cómo asediar una polis 🔲

¿Recuerdas que muchas acrópolis estaban fortificadas? Pues era por una buena razón: para protegerse de los **ASEDIOS**.

A medida que las guerras se movían más, las polis comenzaron a rodear sus ciudades y los caminos a los puertos con **murallas**; como Atenas, que construyó un corredor protegido hasta El Pireo. También levantaron **torres de vigilancia** y **fortines** en los alrededores. ¡Lo que fuera para protegerse!

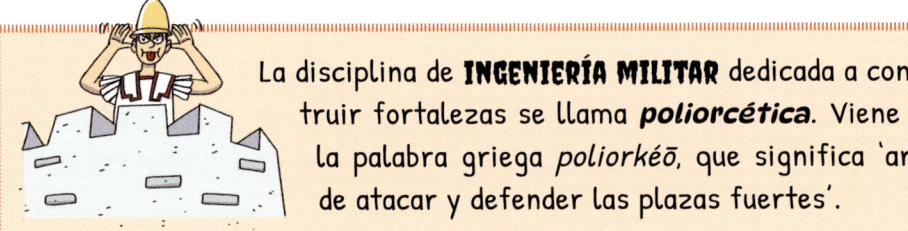

La disciplina de **INGENIERÍA MILITAR** dedicada a construir fortalezas se llama *poliorcética*. Viene de la palabra griega *poliorkéō*, que significa 'arte de atacar y defender las plazas fuertes'.

La estrategia de los asedios consistía en **AISLAR** al enemigo hasta que se rendía, ya fuera por el hambre o por la expansión de enfermedades. Pero, a partir del siglo v a. C., llegaron nuevos y **RETORCIDOS** inventos pensados para atacar las ciudades.

SE DICE QUE ARQUÍMEDES CREÓ UN ENORME ESPEJO CÓNCAVO QUE CONCENTRABA LA LUZ SOLAR EN UN SOLO RAYO POTENTÍSIMO, PARA QUEMAR BARCOS A DISTANCIA.

¡PERO NO SE SABE SI SE LLEGÓ A USAR!

Arietes: Un gran tronco dentro de un carro cubierto. Sencillamente había que golpearlo contra la puerta de la fortaleza hasta que se abría.

Torres de asedio: Tenían escaleras por dentro y una plataforma levadiza en la cumbre, para que los soldados cruzaran al otro lado. Así sin más, ¡aparecían en lo alto de la muralla enemiga! Los cartagineses fueron los primeros en usar estas torres, y Dionisio I de Siracusa les copió en su asedio a Motia en el año 397 a. C. ¡Le parecieron chulísimas!

EL INGENIERO EPÍMACO DE ATENAS CONSTRUYÓ UNA TORRE DE 46 METROS BLINDADA CON PLANCHAS DE METAL.

OS PRESENTO A HELÉPOLIS: 'TOMADORA DE CIUDADES'.

Gastrafetes: Una ballesta portátil muy potente. Su nombre viene del griego *gaster*, que significa 'estómago'; y es que, para cargarla, había que apoyarla en el vientre. ¡Hacía falta fuerza!

Oxíbeles: Un gastrafetes XXL, tanto que había que apoyarlo sobre un trípode para poder dispararlo. Por supuesto, era aún más potente. ¡Sus dardos te podían atravesar el cuerpo!

Lithobolos: Igual que el oxíbeles, pero para piedras. Se accionaba gracias a un sistema de cuerdas que se retorcían y lanzaban la piedra a gran velocidad. ¡Una pedrada y a dormir!

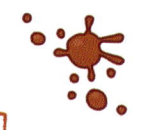

La guerra en el mar

¡El hogar de **POSEIDÓN** también era escenario de batallas! Como sabes, en la Antigua Grecia hubo polis con grandes **flotas**, como Atenas, Egina, Corinto y Rodas. Algunas eran tan fuertes que podían **BLOQUEAR** puertos enemigos o realizar **ATAQUES SORPRESA** en la costa.

¡Pero todos estos barcos no solo servían para luchar! También se utilizaban para **enviar tropas** a otros territorios y **proteger sus colonias**, ayudando incluso a crear alianzas comerciales. Atenas, de hecho, llegó a tener una flota tan grande, de unos 200 trirremes, que construyó un verdadero **IMPERIO COMERCIAL** en el Mediterráneo.

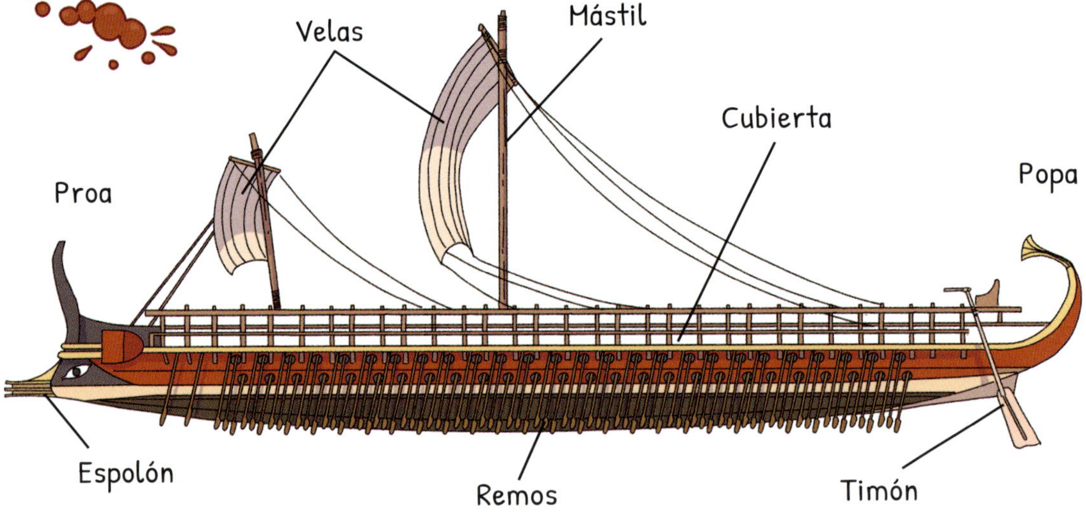

Velas

Mástil

Cubierta

Proa

Popa

Espolón

Remos

Timón

¿TRIRREME?
¿QUÉ ES ESO?

El **trirreme** era un barco ágil y ligero, equipado con un **ARIETE** de bronce en la proa para golpear barcos enemigos. Solía medir 35 metros de largo y 5 metros de ancho, y podía alcanzar una velocidad de 9 nudos (algo más de 16 km/h). ¿Cómo? Pues gracias al impulso de **170 remeros**, situados en tres niveles distintos.

Además, los trirremes solían llevar a bordo pequeños grupos de **SOLDADOS Y ARQUEROS**. Sin embargo, la táctica principal no era abordar al enemigo, sino **EMBESTIRLO**. Solo cuando no se lograba hundir al enemigo, se recurría al abordaje. ¡A empujones con los escudos y a lanzazos!

Los trirremes fueron el **barco estrella** de la Antigua Grecia, pero tenían algunos inconvenientes: no tenían espacio para que la tripulación durmiera, así que debían regresar a tierra **CADA NOCHE**. Además, construir y mantener estos barcos era **MUY CARO**, y la guerra ya era de por sí una carga importante para el Estado.

Pero nada, los trirremes siguieron, hasta que en la era helenística **evolucionaron** y entraron en servicio los temibles **QUINQUERREMES**. ¡A falta de tres pisos, cinco pisos de remeros!

Capítulo VI

¿Qué ha sobrevivido?

🔲 El legado de Grecia 🔲

Han pasado más de dos mil años, pero no se puede decir que la Antigua Grecia haya desaparecido. Su legado continuó vivo, primero entre los **romanos** y, después, a lo largo de la Edad Media, hasta su segunda época de esplendor, en el **Renacimiento**. Desde entonces, Occidente no ha olvidado a los helenos, que forman la base de la cultura occidental actual.

Pero esto ya lo sabes, ¿verdad? Has **SOBREVIVIDO**, y ahora conoces perfectamente todo lo que le debemos a la Antigua Grecia.

φ

- Pensadores como Sócrates, Platón y Aristóteles desarrollaron conceptos fundamentales sobre política, lógica y metafísica, dando pie a una rica **filosofía**. ¡Gracias a ellos, tenemos pensamiento crítico!

- La idea de la **democracia** nació en Atenas, donde los ciudadanos participaban directamente en las decisiones del gobierno, y esto sentó las bases para los sistemas de gobierno de la actualidad. Sin ello, ¡hoy en día los adultos de tu entorno no podrían votar!

- La poesía épica supuso el nacimiento de la **literatura occidental**. Obras como la *Ilíada* y la *Odisea* fueron fundamentales para que, con el tiempo, surgiera el género literario más popular de hoy en día: la **novela**. Por no hablar de la **mitología** griega, que, gracias a ser puesta por escrito, ha inspirado a escritores, artistas y cineastas a lo largo de los siglos.

• Los griegos inventaron el **teatro**: ¡casi nada! Fue un arte importantísimo a lo largo de la historia, e incluso dio pie a otra de las artes más populares de hoy en día: ¡el **cine**!

• Los romanos copiaron la **escultura** y la **arquitectura** griegas, ¡pero su influencia no se detuvo ahí! Movimientos artísticos posteriores, como el Renacimiento (siglos xv-xvi) y el Neoclasicismo (siglos xviii-xix), recuperaron formas y estilos helenos. ¡Las columnas dóricas, jónicas y corintias aún inspiran!

• Figuras como Pitágoras, Demócrates, Arquímedes e Hipócrates hicieron grandes contribuciones a la **ciencia**, desde la geometría hasta la medicina. Los griegos también fueron los primeros en decir que había que observar la realidad para sacar conclusiones: ¡este **método empírico** es fundamental a día de hoy!

• Los antiguos griegos inauguraron los **Juegos Olímpicos**, una competición que resurgió en 1896 en la forma de los Juegos Olímpicos modernos. ¡Toda una celebración de la competencia deportiva y la excelencia!

¡ENHORABUENA, SUPERVIVIENTE!

Ahora que ya conoces esta época al dedillo, no tendrás problemas para sobrevivir a sus **PELIGROS**. Así que ajústate el quitón, ponte las sandalias y prepárate para enfrentarte a la era de los dioses, los hoplitas y los filósofos. **¡La Antigua Grecia te espera!**

¿Te has quedado con ganas de más?

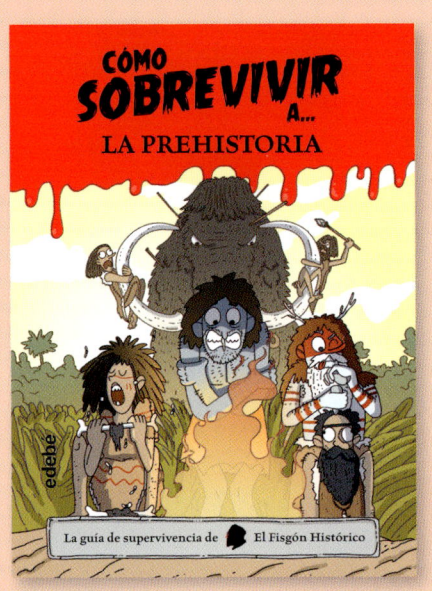

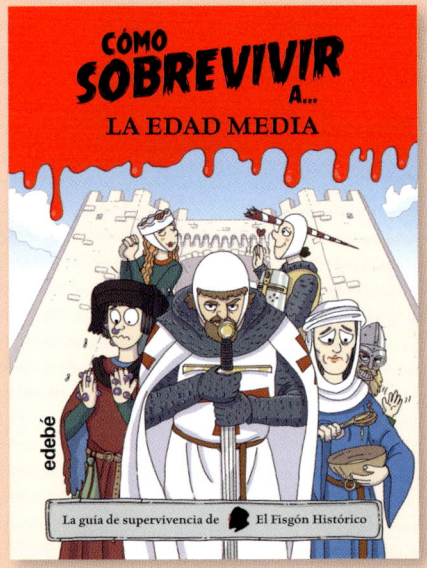

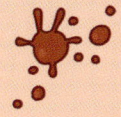

¡Descubre toda la colección!

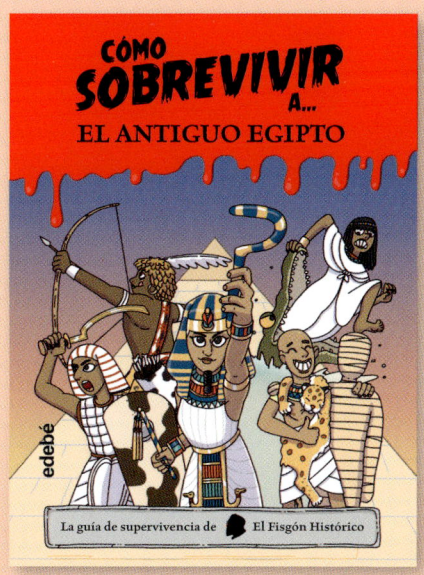

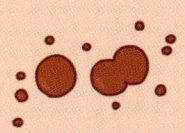